MINISTÈRE DES FINANCES.

RECUEIL MÉTHODIQUE
DES
LOIS ET RÈGLEMENTS
SUR
LA PROCÉDURE CONTENTIEUSE DES DOUANES,

SUIVI :

1° D'UN TABLEAU DES DROITS DUS POUR L'ENREGISTREMENT DES DIFFÉRENTS ACTES DE PROCÉDURE,

2° D'UN RELEVÉ SOMMAIRE DES PIÈCES DE PROCÉDURE SUJETTES OU NON SUJETTES AU TIMBRE,

3° D'UN ÉTAT DES PRIMES DE CAPTURE ET DE LA CONTRAINTE PAR CORPS.

PARIS.
IMPRIMERIE NATIONALE.

1887.

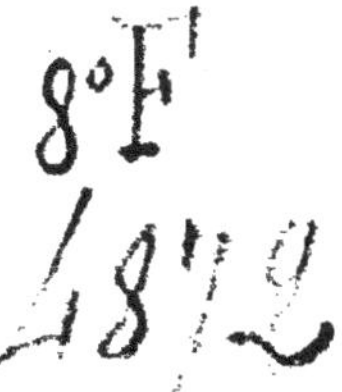

CIRCULAIRE DU ____________ N° ____________

SOMMAIRE.

TITRE Ier.

Numéros.

TITRE III.

TITRE IV.

Numéros.

De quelques matières et procédures spéciales. 200 à 263

TITRE PREMIER.

DES MODES DE CONSTATER ET DE POURSUIVRE LES INFRACTIONS EN MATIÈRE DE DOUANES.

CHAPITRE PREMIER.

DE LA POURSUITE PAR VOIE DE PROCÈS-VERBAL.

Section Ire. — Des personnes appelées à constater les infractions et de leurs obligations.

Par qui peuvent être constatées les infractions.

1. Deux préposés de l'Administration des douanes, ou autres citoyens français, suffisent pour constater une contravention aux lois relatives aux importations, exportations et à la circulation. (9 floréal an VII, tit. IV, art. 1er.)

Dépôt des objets saisis ; où le procès-verbal doit être rédigé.

2. Ceux qui procéderont aux saisies feront conduire dans un bureau de douane et, autant que possible, au plus prochain du lieu de l'arrestation, les marchandises, chevaux, voitures, bateaux servant au transport ; ils y rédigeront tout de suite leur procès-verbal. (9 floréal an VII, tit. IV, art. 2.)

Section II. — Des formalités générales et obligatoires à peine de nullité des procès-verbaux.

§ 1er. De la contexture des procès-verbaux.

Ce que doit contenir le procès-verbal.

3. Les procès-verbaux [1] énonceront :

La date et la cause de la saisie ;

---

[1] Les lois des 4 germinal an II et 9 floréal an VII, se servaient du mot *rapport ;* dans un intérêt de clarté, et afin de se conformer au langage courant, on y a substitué le mot *procès-verbal,* qu'employaient, d'ailleurs, les lois des 22 août 1791 et 28 avril 1816.

La déclaration qui en aura été faite au prévenu;

Les noms, qualités et demeure des saisissants et de celui qui est chargé des poursuites;

L'espèce, le poids ou le nombre des objets saisis;

La présence de la partie à leur description ou la sommation qui lui aura été faite d'y assister;

Le nom et la qualité du gardien;

Le lieu de la rédaction du procès-verbal et l'heure de sa clôture. (Loi du 9 floréal an VII, tit. IV, art. 3.)

Ils doivent être écrits lisiblement, sans abréviation, blanc, lacune ni intervalle, et énoncer en toutes lettres les sommes et les dates. (Loi du 25 ventôse an XI, art. 13.)

Renvois et apostilles.

4. Les renvois et apostilles ne peuvent, sauf l'exception ci-après, être inscrits qu'en marge; ils sont signés ou paraphés par les signataires, à peine de nullité des renvois ou apostilles. Si la longueur du renvoi exige qu'il soit transporté à la fin de l'acte, il devra être non seulement signé ou paraphé comme les renvois écrits en marge, mais encore expressément approuvé, à peine de nullité du renvoi. (Loi du 25 ventôse an XI, art. 13.)

Surcharges. Interlignes. Additions.

5. Il ne doit y avoir ni surcharge, ni interligne, ni addition dans le corps de l'acte; et les mots surchargés, interlignés ou ajoutés seront nuls. Les mots qui devront être rayés le seront de manière que le nombre puisse être constaté à la marge de leur page correspondante ou à la fin de l'acte et approuvé de la même manière que les renvois écrits en marge. (Loi du 25 ventôse an XI, art. 13[1].)

Mainlevée des moyens de transport.

6. Il sera offert mainlevée sous caution solvable, ou en consignant la valeur des bâtiments, bateaux, voitures, chevaux et

---

[1] Ces dispositions ne s'appliquent, en principe, qu'aux *actes notariés*, mais elles peuvent être invoquées à l'appui d'une demande en nullité de procès-verbal, ainsi qu'en témoigne l'arrêt de la chambre criminelle de la cour de cassation, en date du 9 février 1811.

équipages saisis pour autre cause que pour prohibition des marchandises dont la consommation est défendue : et cette offre, ainsi que la ré···nse de la partie, sera mentionnée au procès-verbal. (Loi du 9 ···réal an VII, tit. IV, art. 5)

7. Si le prévenu est présent, le procès-verbal énoncera qu'il lui en a été donné lecture ; qu'il a été interpellé de le signer ; qu'il en a reçu *tout de suite* copie, avec citation à comparaître dans les *vingt-quatre heures* devant le juge de paix de l'arrondissement ou *du canton*[1]. Citation.

En cas d'absence du prévenu, la copie sera affichée dans le jour, à la porte du bureau.

Ces procès-verbaux, citations et affiches devront être faits tous les jours indistinctement. (9 floréal an VII, tit. IV, art. 6[2].)

§ 2. *Du timbre et de l'enregistrement.*

1° DU TIMBRE.

8. Tout procès-verbal doit être rédigé sur papier timbré. (Loi du 13 brumaire an VIII, art. 24.) Timbre.

L'empreinte du timbre, soit au recto, soit au verso, ne peut être couverte d'écritures ni altérée. (Loi du 13 brumaire an VIII, art. 21.)

---

[1] Ce canton ou arrondissement est celui du bureau de douane où l'infraction a été commise et, s'il s'agit de saisie, du bureau où les marchandises ont été mises en dépôt.

(Lois des 9 floréal an VII, tit. IV, art. 6 et 27 mars 1817, art. 14.)

[2] En matière correctionnelle ou criminelle, le procès-verbal doit énoncer que le prévenu recevra les citations de comparaître dans la forme et le délai de la loi. Cependant, dans le cas d'arrestation préventive, la citation doit être donnée par le procès-verbal même pour la plus prochaine audience, sans spécifier quelle sera cette audience. (Circ. lith. du 27 août 1866).

(Décision du 19 juin 1833.)

Voir ci-après n° 92.

2° DE L'ENREGISTREMENT.

Enregistrement. **9.** Tout procès-verbal doit être enregistré dans un délai de quatre jours, à partir du jour de sa clôture[1]. (Loi du 22 frimaire an VII, art. 7 et 20.)

Dispense d'enregistrement. **10.** Les procès-verbaux ne sont dispensés de l'enregistrement qu'autant qu'il ne se trouve pas de bureau dans la commune du dépôt des marchandises ni dans celle où est placé le tribunal qui doit connaître de l'affaire: auquel cas, le rapport sera visé, le jour de la clôture ou le lendemain avant midi, par le juge de paix du lieu, ou à son défaut, par l'agent municipal (9 floréal an VII, tit. IV, art. 9.)

§ 3. *De l'affirmation.*

Affirmations. **11.** Les procès-verbaux seront affirmés au moins par deux des saisissants devant le juge de paix *ou son suppléant*, dans le délai fixé pour comparaître (24 heures). (Voir, pour le cas de *force majeure* s'opposant à l'affirmation dans les délais prescrits, la circulaire du 14 avril 1837, n° 1619.)

L'affirmation énoncera qu'il en a été donné lecture aux affirmants. (9 floréal an VII, tit. IV, art. 10.)

En matière correctionnelle ou criminelle, les saisissants ont *trois jours* pour affirmer leurs procès-verbaux. (Arr. du 4° jour complémentaire an XI, art. 6.)

§ 4. *De la transcription.*

Transcription. **12.** Le lendemain du jour de la saisie, le procès-verbal sera transcrit sur le registre du bureau des douanes le plus prochain. (4 germinal an II, tit. VI, art. 10.)

§ 5. *Dépôt des pièces.*

Dépôt des pièces. **13.** Les expéditions et toutes pièces relatives aux bâtiments, cargaisons et voitures de la saisie seront déposées au même bureau de douanes. (4 germinal an II, tit. VI, art. 11.)

---

[1] Voir n° 56, note 2.

Section III. — Des formalités obligatoires relatives à quelques procès-verbaux particuliers.

§ 1er. *Saisies portant sur le faux, et sur l'altération des expéditions.*

14. Dans le cas où le motif de la saisie portera sur le faux ou sur l'altération des expéditions, le procès-verbal énoncera le genre de faux, les altérations ou surcharges.

Mode de rédaction du procès-verbal. — Arrestation des prévenus.

Lesdites expéditions, signées et paraphées des saisissants « *ne varietur* » seront annexées au procès-verbal qui contiendra la sommation faite à la partie de les signer et sa réponse. (9 floréal an VII, tit. IV, art. 4.)

Les prévenus seront alors immédiatement conduits devant le procureur de la République, à qui le procès-verbal sera remis, avec les pièces arguées de faux. (Code Instr. crim., art. 22 et 29.)

§ 2. *Saisies à domicile.*

15. Formalités. — Distinction entre les marchandises prohibées et les marchandises non prohibées. — Opposition des prévenus. (Voir nos 200 et 203 ci-après.)

§ 3. *Saisies sur bâtiments de mer pontés.*

16. A l'égard des saisies faites sur les bâtiments de mer pontés, lorsque le déchargement ne pourra pas avoir lieu tout de suite, les saisissants apposeront les scellés sur les ferrements et écoutilles des bâtiments. Le procès-verbal, *qui sera dressé au fur et à mesure du déchargement,* fera mention du nombre, des marques et des numéros des ballots, caisses et tonneaux. La description en détail ne sera faite qu'au bureau, en présence de la partie ou après sommation d'y assister; il lui en sera donné copie, après chaque vacation; l'apposition des scellés sur les portes, ou d'un plomb ou cachet sur les caisses ou ballots aura lieu toutes les fois que la continuation de la description sera renvoyée à une autre séance ou vacation. (9 floréal an VII, tit. IV, art. 8.) (Opposition des prévenus, voir nos 200 et 203 ci-après.)

Saisies sur bâtiments pontés.

§ 4. *Saisies sur inconnus et minuties.*

Saisies sur inconnus et minuties. — Conditions : Valeur de chaque partie inférieure à 50 francs. — Requête. — Un seul jugement.

17. Lorsque plusieurs saisies auront été faites séparément sur des inconnus dans le ressort d'un même tribunal et que la valeur de chaque partie saisie n'excédera pas *cinquante francs* en argent la Douane pourra en demander la confiscation par une seule requête, laquelle contiendra l'estimation de chaque partie de marchandises. Il sera statué sur ladite demande par un *seul* et *même* jugement. (Loi du 5 septembre 1792, art. 5.)

Les dispositions ci-dessus seront exécutées à l'égard de toutes les saisies, faites sur des inconnus, d'objets qui n'auront pas été réclamés. (Loi du 5 septembre 1792, art. 6.)

§ 5. *Opposition à l'exercice des fonctions des préposés, et voies de fait.*

Opposition à l'exercice des fonctions des préposés. — Troubles.

18. Les procès-verbaux rédigés par les préposés pour constater l'opposition mise à l'exercice de leurs fonctions, mais sans voies de fait, doivent être revêtus de toutes les formes légales ; *ils font foi jusqu'à inscription de faux*, comme tous ceux qui sont rédigés en matière de douanes. La citation qu'ils contiennent ajourne le prévenu à comparaître dans les vingt-quatre heures devant le juge de paix compétent. (Loi du 4 germinal an 11, tit. IV, art. 2 ; Arrêts de cass. des 21 juillet 1808, 9 juillet 1810, 26 août 1816, 29 août 1838. (Circ. n° 1712, A. S.) et 28 février 1874. Doc. lith. n° 231.)

Voies de fait. — Rébellion.

19. Si le procès-verbal constate des actes de rébellion et des voies de fait, il est assimilé à une simple plainte, comme visant un délit de droit commun et il doit être remis au procureur de la République qui poursuit les prévenus et provoque contre eux l'application des peines portées par le Code pénal. (Loi du 4 germinal an 11, tit. IV, art. 2 *in fine*.) Le tribunal correctionnel statue alors et *principalement* sur la répression du délit de rébellion et *accessoirement* sur les conclusions déposées par l'Administration, partie civile, en vue de faire prononcer, à titre de dommages-intérêts, l'amende individuelle de 500 francs édictée par les lois de 1791 et de l'an 11 pour trouble et opposition à l'exercice des fonctions des préposés. En pareil cas, la preuve peut se faire par toutes les voies de droit commun. (Cass. 21 décembre 1821, 17 décembre 1831 et 1er décembre 1838. Circ. nos 1481, 1608 et 1726. Cass., 28 février 1874. Doc. lith., n° 231 (1).)

Section IV. — Des règles à observer après la rédaction du procès-verbal de saisie.

§ 1er. *De la remise des procès-verbaux au ministère public dans les cas de délits ou de crimes et de la conduite des prévenus dans les prisons du lieu.*

20. Les procès-verbaux seront ....., après avoir été dûment affirmés dans trois jours au plus tard (matière correctionnelle), à compter de celui où la fraude aura été constatée, remis, savoir

Remise des procès-verbaux au ministère public, quand il y a lieu.

(1) L'Administration peut donc, *en principe, dans les cas de rébellion et de voies de fait*, poursuivre devant les tribunaux correctionnels, non seulement la répression du délit, mais encore la réparation du dommage que lui a causé l'opposition du prévenu ; et elle le peut, sans qu'il soit nécessaire de produire un procès-verbal régulier, même pour le fait d'opposition, attendu qu'en faisant, au profit de la partie publique, la preuve du délit de rébellion, le ministère public fait nécessairement en même temps la preuve de l'opposition au profit de la partie civile.

Toutefois, afin d'éviter toutes difficultés et de prévenir tout mécompte, l'Administration a toujours recommandé de constater par un procès-verbal régulier les doubles infractions dont il s'agit. (*Voies de fait et opposition.*) Les faits de violences, résistance et rébellion sont-ils bien caractérisés et tels qu'il n'y ait pas de doute sur la poursuite et la condamnation, la juridiction correctionnelle doit être immédiatement saisie et le procès-verbal permet alors de réclamer au tribunal l'application au prévenu, indépendamment des peines portées au Code pénal pour les faits de violences, de l'amende de 500 francs édictée pour opposition par les lois de l'an II et de 1791. Les faits de violence ne sont-ils pas assez nets, assez caractérisés, pour qu'il y ait certitude de voir suivre le parquet et d'obtenir une condamnation au correctionnel, la contravention doit être portée, tout d'abord, devant le juge de paix qui prononce l'amende pour opposition, sauf ensuite à renvoyer, après condamnation, une copie du procès-verbal au parquet, à titre de plainte.

dans les cas de contrebande avec attroupement et port d'armes, au procureur général; et, dans les cas de simple fraude, au procureur de la République, magistrat de sûreté pour l'arrondissement dans lequel la fraude aura été commise. (Arr. du 4e jour complémentaire an XI, art. 6 [1].)

Arrestation des prévenus

21. Les prévenus seront conduits, à l'instant même de la capture, dans les prisons du lieu, pour être incontinent traduits devant le procureur de la République [2], et, dans le cas où la capture aurait été effectuée par les préposés des douanes, commissaires de police, ou autres fonctionnaires et officiers publics, les gendarmes et les troupes de ligne seront tenus de leur prêter main-forte à la première réquisition. (Arr. du 4e jour complémentaire an XI, art. 3 [3].)

---

[1] La contrebande avec attroupement et port d'armes ne constituant plus un crime (voir le n° 119, note), le procès-verbal doit être remis purement et simplement au procureur de la République.

[2] Les saisissants n'ont à conduire les prévenus arrêtés devant le procureur de la République que quand le bureau est voisin du chef-lieu d'arrondissement. Dans les autres cas, ils remettent les prisonniers et les extraits des procès-verbaux à la brigade de gendarmerie la plus voisine, chargée de la translation au chef-lieu d'arrondissement. (Circ. du 18 juillet 1811 et ordon. du 20 nov. 1820, art. 179, 195 et 203.)

[3] Afin de pouvoir maintenir cette arrestation et d'échapper aux conséquences de la loi du 14 juillet 1865 sur la *liberté provisoire* (art. 113 et 116 du Code d'instr. crim.), une seule voie légale est ouverte : Appliquer résolument aux faits de contrebande constatés par des procès-verbaux réguliers, la loi du 20 mai 1863 sur les flagrants délits.

C'est dans le cas seulement où il serait nécessaire d'appliquer aux inculpés la procédure du Code d'instruction criminelle que l'article 113 pourrait être invoqué par eux et encore par ceux-là seulement qui rempliraient les conditions nécessaires pour obtenir leur libération *de plein droit* cinq jours après leur interrogatoire. (Prévenus *domiciliés*, non *récidivistes* et ayant encouru une peine inférieure à deux années d'emprisonnement.) (Circ. du Ministre de la justice en date du 20 mars 1866, transmise par la circulaire des douanes du 5 avril suivant n° 1021. Lettre de l'administration, du 6 novembre 1873 au directeur, à Nice.)

§ 2. *De l'autorisation de vendre avant jugement les moyens de transport et les objets sujets à détérioration.*

Vente des moyens de transport et des objets sujets à dépérissement.

22. En cas de saisie de chevaux, de mulets et autres moyens quelconques de transport de marchandises en contravention à la loi sur les douanes, dont la remise sous caution aura été offerte par procès-verbal et n'aura pas été acceptée par la partie, il sera, à la diligence de l'administration des douanes, en vertu de la permission du juge de paix le plus voisin ou du juge d'instruction, procédé, dans le délai de huitaine au plus tard de la date dudit procès-verbal, à la vente par enchère des objets saisis. Il sera pareillement et dans le même délai, et en vertu de la même permission, procédé à la vente des objets de consommation qui ne pourront être conservés sans courir le risque de la détérioration; sauf néanmoins l'exécution de la réexportation en ce qui concerne les marchandises prohibées. (Décr. du 18 septembre 1811, art. 1er.)

Ordonnance du juge exécutoire nonobstant appel ou opposition.

23. L'ordonnance portant permis de vendre sera signifiée dans le jour à la partie saisie, si elle a un domicile réel ou élu dans le lieu de l'établissement du bureau de la douane, et, à défaut de domicile connu, au maire de la commune, avec déclaration qu'il sera immédiatement procédé à la vente, tant en l'absence qu'en présence, attendu le péril de la demeure; l'ordonnance du juge de paix ou du juge d'instruction sera exécutée nonobstant appel ou opposition. (Décr. du 18 septembre 1811, art. 2.)

Vente des animaux et autres objets périssables.

24. Les animaux et tous autres objets périssables, pour quelque cause qu'ils aient été saisis, ne peuvent rester en fourrière ou sous le séquestre plus de huit jours. Après ce délai, la main-levée provisoire peut en être accordée sur l'ordonnance du juge de paix ou du juge d'instruction, moyennant caution et le payement des frais de fourrière et de séquestre. S'ils ne doivent ou ne peuvent pas être restitués, ils sont mis en vente et les frais de fourrière sont prélevés sur le produit de la vente, par privilège et de préférence à tous autres.

La vente est faite à l'enchère et au marché le plus voisin, à la diligence de l'Administration. Le jour de la vente est indiqué par affiches, vingt-quatre heures à l'avance, à moins que la modicité de l'objet ne détermine le magistrat à en ordonner la vente sans formalité, ce qu'il doit exprimer dans son ordonnance. (Décr. du 18 juin 1811, art. 39 et 40.) [1]

Dépôt du produit de la vente.

25. Le produit de la vente sera déposé dans la caisse de la douane, pour en être disposé, ainsi qu'il sera statué, en définitif, par le tribunal chargé de prononcer sur la saisie. (Décr. du 18 septembre 1811, art. 3.)

Section V. — De la foi jusqu'à inscription de faux des procès-verbaux réguliers et des voies ouvertes aux prévenus contre cette foi légale.

Foi due aux procès-verbaux.

26. Les procès-verbaux régulièrement rédigés et affirmés seront crus jusqu'à inscription de faux; les tribunaux ne pourront admettre contre lesdits rapports d'autres nullités que celles résultant de l'omission des formalités prescrites par les dix premiers articles de la loi de l'an VII. (9 floréal an VII, tit. IV, art. 11.)

Inscription de faux. — Quand elle doit être faite. — Moyen. — Faux incident.

27. Celui qui voudra s'inscrire en faux contre un procès-verbal sera tenu d'en faire la déclaration par écrit, en personne ou par un fondé de pouvoir spécial passé devant notaire, au plus tard à l'audience indiquée par la sommation de comparaître devant le tribunal qui doit connaître de la contravention; il devra, dans les trois jours suivants, faire au greffe dudit tribunal le dépôt des moyens de faux, et des noms et qualités des témoins qu'il voudra faire entendre, le tout à peine de déchéance de l'inscription de faux. Cette déclaration sera reçue et signée par le juge et le greffier, dans le cas où le déclarant ne saurait écrire ni signer. (9 floréal an VII, tit. IV, art. 12.)

Pertinence et admissibilité des moyens de faux.

28. Dans le cas d'une inscription de faux contre un procès-

---

[1] Voir la circulaire des douanes du 2 septembre 1811, n° 1870. A. S.

verbal constatant un fait de fraude, si l'inscription est faite dans le délai et suivant la forme prescrits par l'article 12, titre IV de la loi du 9 floréal an VII, *et si le juge saisi de l'affaire a reconnu* que les moyens de faux, s'ils étaient prouvés, détruiraient l'existence de la fraude à l'égard de l'inscrivant, le ministère public fera les diligences nécessaires pour faire statuer sans délai sur le faux (Arr. du 4e jour complémentaire an XI, art. 9); il sera alors sursis au jugement de la contravention jusqu'après le jugement de l'inscription de faux. (Arr. du 4e jour complémentaire an XI, art. 9.) [1]

Sursis au jugement sur le fond.

29. Si le procès est engagé au civil, il sera sursis au jugement jusqu'à ce qu'il ait été prononcé sur le faux.

S'il s'agit de crimes ou de délits, la cour ou le tribunal saisi est tenu de décider préalablement, après avoir entendu le ministère public, s'il y a lieu à surseoir. (Code Instr. crim. art. 460.) [2]

Vente des objets sujets à dépérissement et des moyens de transport.

30. Les juges doivent, d'ailleurs, en vertu de l'article 13 du titre IV de la loi du 9 floréal an VII, autoriser provisoirement la vente des marchandises sujettes à dépérissement et des chevaux

---

[1] Dans le silence du Code d'instruction criminelle et des lois spéciales sur la procédure à suivre en matière de faux, postérieurement à l'inscription de faux et au sursis qui peut en être la suite, on doit s'en référer sur ce point au Code de procédure civile. (Cass. 8 fév. 1845, Circ. des douanes, n° 2109, A. S.)

[2] La juridiction répressive saisie d'un fait de douane par un procès-verbal faisant foi jusqu'à inscription de faux doit examiner l'exactitude des faits constatés au procès-verbal, au moyen de la procédure en faux incident requise par le prévenu et ce, encore bien que le juge d'instruction ayant statué au point de vue criminel sur les moyens de faux principal déclarés pertinents et admissibles, ait rendu une ordonnance de non-lieu en faveur des agents rédacteurs par le motif qu'il n'y avait pas de charges suffisantes contre eux. En effet, la criminalité peut ne pas exister, mais il peut exister une erreur dans la constatation du fait de fraude, et la juridiction répressive doit statuer sur la matérialité de cette erreur. (Cass. ch. crim. 25 juin 1881. coll. lith. n° 261.)

et autres bêtes de somme ayant servi au transport. (Arr. du 4e j. complémentaire an XI, art. 9.) (V. n° 21 ci-dessus.)

Rétablissement ou destruction de procès-verbal.

31. Lorsqu'un procès-verbal aura été déclaré faux en tout ou en partie, la Cour ou le tribunal qui aura connu du faux ordonnera que la pièce soit rétablie, rayée ou réformée et du tout il sera dressé procès-verbal. (Code Instr. crim., art. 463.)

Amende.

32. Lorsque le demandeur en faux succombera, il sera condamné à une amende qui ne pourra être moindre de 300 francs et à tels dommages-intérêts qu'il appartiendra. (Code Proc. civ., art. 246.)

33. L'amende sera encourue toutes les fois que l'inscription de faux ayant été faite au greffe et la demande à fin de s'inscrire admise, le demandeur s'en sera désisté volontairement ou aura succombé, ou que les parties auront été mises hors de procès, soit par le défaut de moyens ou de preuves suffisantes, soit faute d'avoir satisfait, de la part du demandeur, aux formalités de la procédure, ce qui aura lieu en quelques termes que la prononciation soit conçue et encore que le jugement ne portât pas condamnation d'amende : le tout, quand même le demandeur offrirait de poursuivre le faux par la voie extraordinaire. (Code. Proc. civ., art. 247.)

Transaction sur le faux incident.

34. Aucune transaction sur la poursuite du faux incident ne pourra être exécutée, si elle n'a été homologuée en justice, après avoir été communiquée au ministère public, lequel pourra faire à ce sujet telles réquisitions qu'il jugera à propos. (Code Proc. civ., art. 249.)

Irrégularité de l'inscription. — Rejet des moyens de faux. — Conséquences.

35. Lorsqu'une inscription de faux n'aura pas été faite dans le délai et suivant les formes déterminés par la loi du 9 floréal an VII, (*ou que les moyens de faux n'auront pas été reconnus pertinents et admissibles*), il sera, sans y avoir aucun égard, passé outre à l'instruction et au jugement *sur le fond* de l'affaire. (Arr. du 4e jour complémentaire an XI, art. 10.)

Section VI. — Des saisies non fondées.

36. Lorsque la saisie n'est pas fondée, le propriétaire des marchandises a droit à un *intérêt* d'indemnité à raison de *un pour cent par mois* de *la valeur* des objets saisis, depuis l'époque de la retenue jusqu'à celle de la remise ou de l'offre qui lui en aura été faite. (9 floréal an VII, tit. IV, § 1er de l'article 16[1]). Saisies non fondées. — Indemnité de 1 p. 100.

CHAPITRE II.

DE L'INFORMATION JUDICIAIRE ET DE LA POURSUITE PAR VOIE DE CITATION DIRECTE.

Section 1re. — De l'information judiciaire.

37. Toute personne[2] qui se prétendra lésée par un crime ou délit pourra en rendre plainte et se *constituer partie civile* devant le juge d'instruction, soit du lieu du crime ou du délit, soit du lieu de la résidence du prévenu, soit du lieu où il pourra être trouvé. (Instr. crim., art. 63.) Dépôt de la plainte.

38. Les plaintes qui auraient été adressées au procureur de la République sont par lui transmises au juge d'instruction avec son Transmission de la plainte au juge d'instruction. — Réquisitoire.

---

(1) Voir la circulaire de l'Administration des douanes en date du 2 juin 1876, n° 1307.)

(2) L'Administration des douanes, *personne morale*, peut évidemment, de même qu'un simple particulier, mettre en mouvement l'action publique *par une plainte et une constitution de partie civile*, toutes les fois qu'il y a pour elle nécessité, par exemple en cas de faits consommés de fraude, d'absence ou de nullité de procès-verbal. Si, en effet, la maxime : *point de procès-verbal de saisie, point d'action*, est réputée vraie devant la juridiction de paix, elle ne l'est plus lorsqu'il s'agit d'un délit correctionnel dont la preuve peut être administrée par toutes les voies que le droit commun autorise. Dalloz J. G. N° 877, 878, V° douanes. Voir à ce sujet le n° 101, note.

réquisitoire; celles qui auraient été adressées aux officiers auxiliaires de police (juges de paix, officiers de gendarmerie, commissaires de police), seront, par eux, envoyées au procureur de la République et transmises par lui au juge d'instruction aussi avec son réquisitoire. (Code Instr. crim., art. 64.)

Constitution de partie civile.

39. En cas de constitution de partie civile ou de désistement de constitution, il sera procédé comme il est dit aux articles 66, 67, 68 du Code d'instruction criminelle.

Communication de la plainte au ministère public.

40. Le juge d'instruction compétent pour connaître de la plainte en ordonnera la communication au procureur de la République pour être par lui requis ce qu'il appartiendra. (Code Instr. crim., art. 70.)

Communication, au ministère public, de la procédure d'instruction. — Réquisitoire.

41. Aussitôt que la procédure d'instruction sera terminée, le juge d'instruction la communiquera au procureur de la République qui devra lui adresser des réquisitions dans les trois jours au plus tard. (Code Instr. crim., art. 127.)

Ordonnance de non lieu.

42. Si le juge d'instruction est d'avis que le fait ne présente ni crime, ni délit, ni contravention ou qu'il n'existe aucune charge contre l'inculpé, il déclarera par une ordonnance, qu'il n'y a pas lieu à poursuivre, et, si l'inculpé avait été arrêté, il sera mis en liberté. (Code Instr. crim., art. 128.)

Ordonnance de renvoi devant le tribunal de paix.

43. S'il est d'avis que le fait n'est qu'une simple contravention, il renverra l'inculpé devant le juge compétent et ordonnera sa mise en liberté, s'il est arrêté.

Les dispositions du présent article et de l'article précédent ne pourront préjudicier aux droits de la partie civile ou de la partie publique, ainsi qu'il sera expliqué ci-après. (Code Instr. crim., art. 129.)

Ordonnance de renvoi devant le tribunal correctionnel.

44. Si le délit est reconnu de nature à être puni par des peines correctionnelles, le juge d'instruction renverra le prévenu au tribunal de police correctionnelle. (Code Instr. crim., art. 130.)

45. Si le juge d'instruction estime que le fait est de nature à être puni de peines criminelles et que la prévention contre l'inculpé est suffisamment établie, il ordonnera que les pièces d'instruction..... soient transmises sans délai par le procureur de la République au procureur général près la cour d'appel pour être procédé ainsi qu'il est dit aux articles 217 à 250 du Code d'Instruction criminelle, chapitre des mises en accusation. (Code Instr. crim., art. 133.)

Ordonnance de transmission des pièces de l'instruction à la chambre des mises en accusation par l'intermédiaire du procureur général.

46. Le procureur de la République pourra former *opposition* dans tous les cas aux ordonnances du juge d'instruction.

De l'opposition aux ordonnances du juge d'instruction.

La partie civile pourra former opposition aux ordonnances rendues dans les cas prévus par les articles 114, 128, 129, 131, et 539 du Code d'Instruction criminelle et à toute ordonnance faisant grief à ses intérêts civils[1].

Le prévenu ne pourra former opposition qu'aux ordonnances rendues en vertu de l'article 114 et dans le cas prévu par l'article 539. (Code Instr. crim., art. 135.)

47. L'opposition devra être formée dans un délai de *vingt-quatre heures* qui courra : contre le procureur de la République, à compter du jour de l'ordonnance; contre la partie civile et contre le prévenu non détenu, à compter de la *signification* qui leur est faite de l'ordonnance au domicile par eux élu dans le

Délais de l'opposition — Procédure y relative.

---

(1) Tel est le droit commun; mais il convient de remarquer qu'en fait, la Douane peut rarement recourir à l'opposition, attendu qu'en principe général, les ordonnances de non-lieu ne lui enlèvent en aucune façon l'exercice de son action civile et qu'elle conserve, malgré ces ordonnances, le droit de faire prononcer la confiscation et l'amende. — (Cass. ch. crim. 4 arrêts identiques : 25 vendémiaire an IX, 25 juillet et 19 décembre 1806, 29 mars 1828, 5 octobre 1838, 8 décembre 1838, tous rendus en matière de douanes, 24 novembre 1824. Sir. 25, 1, 175; 20 avril 1837. Sir. 37, 1, 590.) Mangin, Act. publ. N° 438. Merlin, quest. de droit. V° réparations civiles § 3. Mangin, Act. publ. N° 363 et suiv. Faust. Hélie. Inst. crim. T. II, N° 1103.

lieu où siège le tribunal; contre le prévenu détenu, à compter de la communication qui lui est donnée de l'ordonnance par le greffier.

La signification et la communication prescrites par le paragraphe précédent seront faites dans les vingt-quatre heures de la date de l'ordonnance.

L'opposition sera portée devant la chambre des mises en accusation de la cour d'appel qui statuera, toute affaire cessante. (Code Instr. crim., art. 135.)[1]

Opposition formée par le procureur général. — Délais.

48. Dans tous les cas, le droit d'opposition appartiendra au procureur général près la cour d'appel.

Il devra notifier son opposition dans les *dix jours* qui suivront l'ordonnance du juge d'instruction. (Code Instr. crim., art. 135.)

Échec de la partie civile dans son opposition.

49. La partie civile qui succombera dans son opposition sera condamnée aux dommages-intérêts envers le prévenu. (Code Instr. crim., art. 136)[1].

Section II. — De la poursuite par voie de citation directe.

De la poursuite directe.

50. Dans les matières du ressort de la police correctionnelle, la partie lésée pourra s'adresser directement au tribunal correctionnel dans la forme qui sera ci-après réglée. (Code Instr. crim., art. 64.)

Pour les délais et formalités de la citation directe devant le tribunal correctionnel, voir les n°s 92 et suivants ci-après[2].

---

(1) Voir la note (1) de la page 23.

(2) La citation *directe* devant le tribunal correctionnel est relatée ici, pour bien montrer le jeu complet de la procédure en ces matières et, en outre parce que *stricto jure*, elle est possible; mais il faut reconnaître qu'en fait, la douane ne pourra guère y avoir recours en raison de la difficulté pour elle de réunir et de présenter aux juges en dehors de toute information judiciaire, les éléments de preuves nécessaires au succès de sa cause.

CHAPITRE III.

DE LA POURSUITE PAR VOIE DE CONTRAINTE.

31. La contrainte est un *titre exécutoire* en vertu duquel on fait, comme en vertu d'un jugement, tous les actes d'exécution et l'on *exerce* même la *contrainte par corps*. Mais c'est un mode exceptionnel de procédure qui ne peut être employé que dans les cas spécialement et limitativement déterminés par la loi [1]. (Loi du 21 août 1791, tit. XIII, art. 32 et 24.) Définition.

32. Il peut être décerné contrainte : Dans quel cas les contraintes se décernent.

1° Contre tous redevables de droits de douane, qui *refusent* d'acquitter ces droits ou qui sont *en retard* pour les acquitter, quand il leur en a été fait crédit (Loi du 22 août 1791, tit. XIII, art. 31.);

2° Contre tout souscripteur d'un acquit-à-caution quelconque et contre sa caution, pour défaut de rapport du certificat de décharge de l'acquit-à-caution; (Lois du 22 août 1791, tit. XIII, art. 31 et 32; 4 germinal an 11, t. VII, art. 4.);

3° Contre tout préposé démissionnaire ou destitué qui refuse

---

[1] Il résulte de cette définition même où la *contrainte par corps* est opposée à *la contrainte proprement dite* qu'il ne faut jamais confondre ces deux modes de procédure. Le premier est un *droit*, l'autre est un acte; la contrainte par corps *s'exerce*, l'autre se *décerne*.

Ce mode de procéder par voie de contrainte n'est pas spécial aux Douanes; il appartient aussi aux autres administrations ou régies qui ont des droits à percevoir pour le compte du Trésor. Il n'est pas non plus nouveau, car il existait sous la législation antérieure aux codes qui nous régissent maintenant.

Enfin, il n'est pas sans utilité de faire remarquer, d'une part, que la contrainte ne peut tendre qu'au payement d'un droit ou d'une somme *exigible* et *liquide;* de l'autre, que, s'exécutant dans les mêmes formes que les jugements, elle doit être suivie d'un commandement de payer à personne ou à domicile. (Code Proc. civ., art. 583, 626, 673, 780, 819.)

de remettre sa commission ou ses registres ou autres effets qui lui ont été confiés par l'Administration; de rendre ses comptes (*ou d'acquitter la somme dont il a été reconnu en débet*) (Loi du 22 août 1791, tit. XIII, art. 24.)

Ce que doivent contenir les contraintes.

53. En tête de la contrainte doit être copie du titre qui établit la créance dont elle a pour objet de réclamer le payement. (Loi du 22 août 1791, tit. XIII, art. 31.)

Comment la contrainte devient exécutoire. — Visa.

54. Pour qu'une contrainte puisse être signifiée et exécutée, il faut qu'elle soit *visée* par le juge de paix; quand elle est revêtue de ce visa, elle est exécutoire par les voies de droit. (Loi du 22 août 1791, tit. XIII, art. 32 et 24; 14 fructidor an III, art. 10.)

Le visa ne peut être refusé.

55. Les juges de paix ne peuvent sous quelque prétexte que ce soit, refuser de viser les contraintes, à peine d'être, en leur propre et privé nom, responsables des objets pour lesquels elles auraient été décernées. (Loi du 22 août 1791, tit. XIII, art. 32.)

De l'enregistrement.

56. La contrainte est soumise à la formalité de l'enregistrement, (loi du 22 frimaire an VII, tit. I, art. 7) au bureau de la résidence des préposés qui l'ont délivrée ou de celle de la partie à laquelle elle est notifiée, et ce, dans les quatre jours de sa date, à peine de nullité. (même loi même titre, art. 20) [1].

Exception pour les créances inférieures à 100 fr.

57. Les contraintes ayant pour objet le recouvrement de droits ou de créances qui n'excèdent pas au total la somme de 100 fr. doivent être enregistrées gratis. (Loi du 16 juin 1824, art. 6.)

Leur exécution.

58. Les contraintes sont signifiées et s'exécutent dans les mêmes formes et de la même manière que les jugements. Leur exécution ne peut être suspendue par aucune opposition ou

---

[1] Le jour de la date n'est point compté. De même, si le dernier jour du délai est un jour de fête légale, ce jour n'est point compté. (Loi du 22 frimaire an VII, art. 25.)

aucun acte. Cependant cette opposition est recevable contre les contraintes décernées pour défaut de rapport de certificat de décharge des acquits-à-caution; mais il faut qu'au préalable, l'opposant consigne le simple droit. Il est défendu à tout juge sous les peines ci-dessus (Voir n° 55) de donner contre lesdites contraintes aucunes défenses ou surséances qui seraient nulles et de nul effet, sauf les dommages et intérêts de la partie. (Loi du 22 août 1791, tit. XIII, art. 33.)

59. Lorsque l'individu poursuivi en vertu d'une contrainte a consigné le montant des sommes pour lesquelles elle est décernée et qu'il y forme opposition [1], l'affaire se porte devant le juge de paix et suit tous les degrés de juridiction, comme si cette même affaire était intentée par voie principale. (Loi du 14 fructidor an III, art. 10; Arr. de cass. du 28 mai 1811.) Opposition aux contraintes.

60. La contrainte dûment visée et ayant ainsi le caractère de titre exécutoire, suffit pour prendre inscription d'hypothèque sur les biens de ceux contre qui elle est décernée. (Déc. min. du 28 pluviôse an X, avis du Conseil d'État des 25 thermidor an XII et 29 octobre 1811, insérés au *Bulletin des lois*) [2]. Les contraintes suffisent pour prendre inscription.

---

[1] Aucune loi de douane n'ayant fixé de délai pour cette opposition à contrainte, cette opposition est ouverte tant que l'acte n'a pas reçu d'exécution.

[2] On sait que, sous le premier Empire, les avis du Conseil d'État approuvés par l'Empereur et insérés au *Bulletin des lois* avaient force de loi.

TITRE DEUXIÈME.

DE LA PROCÉDURE DEVANT LES TRIBUNAUX.

CHAPITRE PREMIER.

DE LA PROCÉDURE POUR CONTRAVENTIONS AUX LOIS DES DOUANES.

Section Ire. — PREMIÈRE INSTANCE.

§ 1er. *De la compétence des juges de paix.*

Étendue de la compétence.

61. Les tribunaux de paix connaissent en première instance :

1° De toutes les contraventions de douanes, c'est-à-dire de toutes les infractions aux lois de douanes qui ne donnent ouverture qu'à la confiscation et à l'amende (saisies qui n'entraînent pas l'arrestation des prévenus pour l'application de peines corporelles ; affaires relatives aux oppositions ou troubles à l'exercice des fonctions des préposés, avec ou sans injures, mais quand elles ne sont pas accompagnées de voies de fait) ;

2° De toutes les contestations[1] concernant le refus de payer les droits, du non-rapport des acquits-à-caution ;

3° Des actions en responsabilité ayant leur cause dans un *refus de fonction* ou dans une *saisie mal fondée*, ou dans une *visite à domicile sans résultat*. (Art. 2, tit. XI, loi du 22 août 1791,

---

[1] A la condition que le débat ne portera pas sur *l'espèce, la qualité, l'origine* ou *la valeur* de la marchandise, auquel cas les commissaires experts sont seuls appelés à statuer. Voir nos 117 et suivants ci-près.)

art. 19, tit. XIII même loi. Art. 16 de la loi du 9 floréal an VII, art. 40, tit. XIII, loi de 1791 ; art. 10 de la loi du 14 fructidor an III.) Voir n° 132.

4° *De toutes les autres affaires relatives aux douanes* (contraventions à l'acte de navigation, aux lois sur le cabotage, le transit, les entrepôts, les réexportations, les primes, etc., et affaires se rattachant aux faillites dans lesquelles l'Administration se trouve intéressée, etc. etc.). (Lois des 14 fructidor an III, art. 10 ; 9 floréal an VII, tit. IV, art. 6 ; 27 mars 1817, art. 14 et 15.)

62. Ils sont également seuls compétents, sauf l'appel, s'il y a lieu, pour connaître des contraventions à la loi du 24 avril 1806 sur l'impôt du sel, et aux lois, ordonnances et décrets qui en sont le corollaire, toutes les fois que les contrevenants ne sont *ni en récidive*, ni au nombre de *trois et plus* (Loi du 17 décembre 1814, tit. IV, art. 29.) Contraventions. Sels.

63. Tout individu qui traduit devant le juge de paix pour infractions aux lois et règlements sur les sels, est reconnu, soit par le rapport dûment rédigé et non argué de faux, soit par l'instruction, être coupable de récidive, doit être renvoyé par ledit juge de paix devant le tribunal correctionnel. (Loi du 17 décembre 1814, tit. IV, art. 31.) Délits. — Sels.

64. Les juges de paix sont compétents pour viser et rendre exécutoires les contraintes décernées *dans les cas où ce mode de procédure est autorisé par la loi* (Loi du 22 août 1791, titre XIII, art. 32, modifié par l'article 10 de la loi du 14 fructidor an III). Visa des contraintes.

65. Si le fait délictueux déféré au juge de paix est un délit qui emporte une peine correctionnelle *ou plus grave*, le juge renverra les parties devant le procureur de la République. (Code Inst. crim., art. 160 [1].

[1] Il en est de même en matière de faux incident, si d'ailleurs les moyens de faux sont reconnus pertinents et admissibles. — Voir ci-dessus n° 28.

§ 2. *De la comparution des parties à l'audience du juge de paix.*

Citation. **66.** Dans les instances résultant de contraventions aux lois de douane, la citation à comparaître devant le juge de paix est donnée par le procès-verbal même qui constate la contravention et dans la forme et le délai ci-dessus indiqués. (Voir n° 7.) (Loi du 9 floréal an VII, tit. IV art. 6.) Les personnes civilement responsables sont citées conformément aux articles 1 à 7 du Code de procédure civile.

Jours d'audience. **67.** Le juge de paix peut tenir des audiences et juger tous les jours indistinctement, même les dimanches et fêtes, le matin et l'après-midi. (Code Proc. civ., art. 8.)

Jugement contradictoire. **68.** Au jour indiqué pour la comparution, le juge de paix entend la partie si elle est présente, et est tenu de rendre *de suite* son jugement. Si les circonstances de la saisie nécessitaient un délai, ce délai ne pourra excéder trois jours, et, dans ce cas, le jugement de renvoi autorisera la vente des marchandises sujettes à dépérissement et des chevaux saisis comme ayant servi au transport. (9 floréal an VII, tit. IV, art. 13.)

Citation d'urgence. **69.** Lorsqu'il y a lieu de citer à bref délai, on expose l'affaire verbalement ou par écrit au juge de paix en lui remettant le procès-verbal; il délivre une cédule qui permet de citer *même à deux ou trois heures* d'intervalle, et elle est signifiée immédiatement. (Code Proc. civ., art. 6, 72 et 417.)

Jugement par défaut. **70.** Si au jour indiqué par la citation la partie ne comparaît pas, elle est jugée par défaut. (Code Proc. civ., art. 19.)

§ 3. *De l'opposition aux jugements par défaut des juges de paix.*

Opposition. **71.** La partie condamnée par défaut peut former opposition dans *les trois jours* de la signification du jugement[1] (Code Proc.

---

[1] Ce délai *n'est pas franc.* Le juge peut, d'ailleurs, le cas échéant, user de la faculté que lui donne, pour le déterminer, l'article 21 du Code de Proc. civ.

civ., art. 20) faite par l'huissier du canton (loi du 25 mai 1838, art. 16) ou par les préposés des douanes. (Loi du 22 août 1791, tit. XIII, art. 18.)

72. *L'acte* d'opposition contiendra sommairement les moyens de la partie opposante et assignation devant le même tribunal au prochain jour d'audience, en observant toutefois les délais (vingt-quatre heures) prescrits pour les citations; il indiquera le jour et l'heure de la comparution et sera notifié. (Code Proc. civ., art. 20.) Assignation sur l'opposition.

73. La partie opposante qui se laisserait juger une seconde fois par défaut ne sera plus reçue à former une nouvelle opposition. Le jugement qui intervient sur l'assignation par suite d'opposition ne peut plus, que la partie soit présente ou absente, être attaqué que par l'appel. (Code Proc. civ., art. 22.) Jugement.

Section II. — De l'appel des jugements rendus par le juge de paix.

74. En matière de douanes, le délai pour interjeter appel d'un jugement du tribunal de paix est de *huit jours*[1]; après ce délai, l'appel n'est plus recevable et le jugement est exécuté purement et simplement. Ce délai court, pour les jugements contradictoires, à partir du jour de leur signification et, pour les jugements par défaut, à partir du jour où l'opposition ne serait plus recevable. (Loi du 14 fructidor an III, art. 6; Code Proc., civ., art. 443; cass. 8 août 1815, ch. civ. Bull. n° 51.) *Délai d'appel.*

75. *L'acte* d'appel doit être signifié à personne ou à domicile et contient assignation à comparaître devant le tribunal civil dans le ressort duquel se trouve le tribunal de paix qui a rendu le jugement dont est appel. (Loi du 14 fructidor an III, art. 6. [2].) Acte d'appel. — Assignation.

---

[1] Les expressions dont se sert la loi « dans la huitaine » démontrent que le *délai n'est pas franc.*

[2] Relativement à la procédure d'appel et de l'instruction sur l'appel, on suit les règles édictées par le Code de procédure civile livre III, titre unique, art. 443 à 473.

Il est *suspensif* de l'exécution du jugement. (Code Proc. civ., art. 457.)

76. Si l'appel est signifié à l'Administration, il doit l'être à la personne et au domicile du receveur poursuivant; et, s'il est signifié par l'Administration, il l'est au domicile de l'intimé, s'il en a un réel ou élu dans le lieu de l'établissement du bureau; sinon, au domicile du maire de la commune dont dépend le même bureau. (Loi du 14 fructidor, an III, art. 11.)

Délai d'assignation.

77. L'assignation doit être donnée *à trois jours*. Ce délai est augmenté d'un jour par chaque deux myriamètres de distance entre la commune où est établi le tribunal de paix et celle où siège le tribunal d'arrondissement. (Loi du 9 floréal an VII, tit. IV, art. 14.)

Délais des jugement d'appel.

78. Le tribunal saisi de l'appel d'un jugement de paix est tenu de prononcer dans les délais fixés par la loi pour les appels des jugements du juge de paix (huit jours). (Loi du 14 fructidor an III, art. 6.)

79. Les appels des jugements rendus par les juges de paix sont réputés matières sommaires et doivent, comme tels, être instruits et jugés conformément aux articles 405 à 413 du Code de procédure civile. (Code Proc. civ., art. 404.)

Jugement sur appel par défaut.

80. Si le jugement sur appel est rendu par défaut, il peut être attaqué par la voie de l'opposition.

La marche à suivre, dans ce cas, est celle qui est tracée par le Code de procédure civile, articles 155 et suivants.

Exécution de jugement.

81. En principe, il doit, en matière civile, s'écouler huit jours entre le prononcé de la sentence et son exécution, à moins que le jugement ne soit exécutoire par provision. (Art. 450 même code.) [1]

---

[1] Telle est la loi; mais il importe de remarquer que, d'après la jurisprudence, toutes les prescriptions de l'espèce ne sont que des recommandations adressées au juge.

CHAPITRE DEUXIÈME.

DE LA PROCÉDURE POUR DÉLITS DE DOUANE.

Section Ire. — Première instance.

---

§ 1er. *De la compétence des tribunaux correctionnels.*

82. Tout délit de douane, c'est-à-dire toute infraction aux lois de douanes donnant lieu à des peines corporelles non infamantes, indépendamment de la confiscation et de l'amende, est portée en première instance devant les tribunaux correctionnels. (Code Instr. crim. art. 179; lois du 28 avril 1816, art. 41 et du 21 avril 1818, art. 37.) Compétence.

83. C'est ainsi que les tribunaux correctionnels connaissent: Énumération des délits.

1° De toute introduction frauduleuse par terre (dépôt ou circulation dans le rayon sans expédition valable) d'objets *prohibés*, d'objets tarifés dont le droit serait de 20 francs et plus les 100 kilogrammes (28 avril 1816, art. 41) ou dont la prohibition a été remplacée par des droits postérieurement à la loi du 24 mai 1834 (5 juillet 1836, art. 3);

2° De toute importation sans déclaration, par les bureaux de terre ou de mer, de marchandises *prohibées à quelque titre* que ce soit (absolument, localement, ou conditionnellement) ou imposées à plus de 20 francs les 100 kilogrammes ou passibles de taxes de consommation intérieure (Art. 1er de la loi du 2 juin 1875);

3° De tout versement frauduleux ou de toute *tentative* de versement frauduleux des *mêmes marchandises* effectués soit dans l'enceinte des ports, soit sur les côtes (Loi du 2 juin 1875, art. 2.);

4° De tout transport ou dépôt des marchandises précitées suivies *à vue* sans interruption;

5° De tout entrepôt dans les lieux dont la population agglomérée est de moins de 2,000 âmes et en l'absence d'expéditions valables d'extraction, de marchandises *prohibées à l'entrée ou imposées à plus de 20 francs*, ou dont la prohibition a été remplacée par des droits postérieurement à la loi du 24 mai 1834 (Art. 38. § 4. 41 et 42 de la loi du 28 avril 1816, 3 de la loi du 5 juillet 1836.);

6° De toute participation, comme *assureurs*, comme ayant fait assurer, ou comme intéressés d'une manière quelconque, soit à *un fait de contrebande proprement dit*, soit à un fait d'importation sans déclaration, par les bureaux de terre ou de mer, de *marchandises prohibées, imposées à plus de 20 francs les 100 kilogrammes*, ou soumises à des taxes de consommation intérieure (Loi du 28 avril 1816, art. 53, loi du 21 avril 1818, art. 37, loi du 2 juin 1875, art. 1er.);

7° De toute *exportation* en contrebande de *chiens de forte race* (Loi du 7 mai 1881, art. 1er, et loi du 28 avril 1816, tit. V.);

8° Des infractions aux lois sur *l'impôt du sel* (lorsque le délinquant est en récidive, ou si la fraude est commise par une réunion de trois individus et plus) (Loi du 17 décembre 1814, art. 30 et 31.);

9° Des *oppositions à l'exercice des fonctions* des préposés *quand elles seront accompagnées de violences et voies de fait*. (Code pen., art. 209 à 212 et 214.)

Contraventions dont connaissent également les tribunaux correctionnels.

84. Ces tribunaux connaissent pareillement *de certaines* contraventions qui ne donnent pas lieu à des peines corporelles et cela en vertu d'une attribution spéciale de la loi, savoir :

1° Des fraudes tombant sous le coup des pénalités déterminées par la loi du 17 juin 1840 (relative au régime du sel), ou par les ordonnances ou décrets qui en règlent l'application (Loi du 17 juin 1840, art. 14.);

2° Du *défaut d'identité* en nature ou en espèce reconnu à la vérification d'objets présentés en douanes *pour obtenir un passa-*

vant de circulation (Loi du 7 juin 1820, art. 15.), mais seulement dans le cas prévu par le paragraphe 2 dudit article 15.

85. Enfin, les tribunaux correctionnels sont compétents également pour connaître de la plupart des infractions constatées, soit à la requête des autres administrations, soit à la requête du ministère public. (Lois des 28 avril 1816, 24 juillet 1843, 25 juillet 1841, 13 fructidor an V; décret du 16 mars 1813; loi des 24 mai 1834, 31 mai 1846, 4 septembre 1871, 28 janvier 1875, 21 juin 1873, 23 avril 1836.) (Nos 256 et suivants du nouveau tableau des contraventions [1].)

§ 2. *Des obligations des procureurs de la République relativement aux délits correctionnels.*

86. Les procureurs de la République sont chargés de la recherche et de la poursuite de tous les délits dont la connaissance appartient aux tribunaux correctionnels. (Code Instr. crim., art. 22.)

87. Le prévôt est tenu de faire *d'office* toutes les poursuites nécessaires pour découvrir les *entrepreneurs*, *assureurs* et *généralement tous les intéressés à la contrebande*. (Loi du 28 avril 1816, art. 52.) Obligations du procureur de la République.

88. Les procureurs près les tribunaux correctionnels sont substitués aux *prévôts* pour exercer *d'office* les poursuites prescrites par l'article 52 et requérir s'il y a lieu l'application de l'article 53. (Loi du 21 avril 1818, art. 37, 21 avril 1818, art. 37 [2].)

[1] Cette énumération des cas de compétence correctionnelle est *énonciative* et non limitative.

[2] Les dispositions des nos 87 et 88 ne sont que des applications du principe général posé au N° 86.

Voir cass., 26 février 1887; aff. Branly, *Bull. off.* n° 82, [illegible]

Se reporter également aux nos 120 et 121 ci-après.

3.

§ 3. *De la comparution des parties et de l'examen de la plainte à l'audience.*

Citation directe devant le tribunal correctionnel.

89. En matière correctionnelle, le tribunal sera saisi de la connaissance des délits de sa compétence, soit par le renvoi qui lui en sera fait d'après les articles 130 et 160 du Code d'instruction criminelle (voir nos 44, 63 et 65) soit, le cas échéant, par la citation donnée *directement* au prévenu et aux personnes civilement responsables du délit par l'Administration partie civile et, *dans tous les cas*, par le procureur de la République. (Code Instr. crim., art. 182.)

90. S'il y a lieu à procédure criminelle, on suivra les règles prescrites par la loi sur la justice criminelle. (Loi du 4 germinal an II, t. VI, art. 20.)

91. La partie civile fera par l'acte de citation élection de domicile dans la ville où siégera le tribunal; la citation énoncera les faits et tiendra lieu de plainte. (Code Instr. crim., art. 183[1].)

Formalités de la citation.

92. La citation est donnée à la requête de l'Administration, poursuites et diligences du receveur des douanes, ou à la requête du procureur de la République, et dans la forme voulue pour les actes extrajudiciaires.

Elle l'est, à la personne même du prévenu s'il est *arrêté*.

Elle l'est à sa personne ou à *son domicile*, si le prévenu est *connu*, *non arrêté*, et s'il réside dans le ressort du tribunal; s'il n'y réside pas, elle lui est donnée au domicile du procureur de la République.

Délai de la citation.

Il y aura trois jours au moins (outre un jour par 3 myriamètres) entre celui de la citation et celui de la comparution. (Loi du 28 avril 1816, art. 45; Code d'Instr. crim., art. 184.)

---

[1] Quand l'employé des douanes chargé de représenter l'Administration devant le Tribunal n'habite pas au siège de ce Tribunal, la citation doit, exceptionnellement, contenir élection de domicile au parquet du Procureur de la République.

Comparution des prévenus.

93. Dans les affaires relatives à des délits qui n'entraînent pas la peine d'emprisonnement, le prévenu pourra se faire représenter par un avoué; le tribunal pourra néanmoins ordonner sa comparution en personne. (Code Instr. crim., art. 185.)

Jugement par défaut.

94. Si, au jour fixé, le prévenu ne comparait pas, le tribunal sera tenu de rendre son jugement (Loi du 28 avril 1816, art. 46); le prévenu sera jugé par défaut. (Code Instr. crim., art. 186.)

Remise.

95. Si, le prévenu comparaissant, il y a lieu d'accorder une remise, elle ne pourra excéder *cinq jours;* et le cinquième jour, le tribunal prononcera, partie présente ou absente. (Loi du 28 avril 1816, art. 47.)

Lorsque les délinquants sont arrêtés, les affaires de contrebande déférées aux tribunaux correctionnels doivent être jugées comme au cas de *flagrant délit.* (Voir la loi du 20 mai 1863 et la circ. du Ministre de la justice, du 20 mars 1866, transmise par la circ. n° 1024, nouvelle série.)

Publicité de l'audience.

96. L'instruction à l'audience sera publique à peine de nullité.

Le procureur de la République, la partie civile (employé stipulant pour l'Administration) ou son défenseur, exposeront les faits et prendront des conclusions.

Les procès-verbaux ou rapports, s'il en a été dressé, seront lus par le greffier.

Les témoins pour ou contre seront entendus, s'il y a lieu, et les reproches proposés et jugés.

Les pièces pouvant servir à conviction ou à décharge seront représentées aux témoins et aux parties.

Le prévenu sera interrogé.

Le prévenu et les personnes civilement responsables proposeront leur défense.

Le procureur de la République résumera l'affaire et donnera ses conclusions.

Le prévenu et les personnes civilement responsables pourront répliquer.

Le jugement sera prononcé tout de suite ou au plus tard, à l'audience suivante. (Code Instr. crim., art. 190.)

Acquittement.

97. Si le fait n'est réputé *ni délit, ni contravention* (de douanes), le tribunal annulera l'instruction, la citation et tout ce qui aura suivi, et renverra le prévenu (Code Instr. crim., art. 191). Si l'inculpé est détenu, il sera, nonobstant appel, mis en liberté sur le champ. (Voir le n° 109 ci-après, *in fine*.)

Jugement sur contravention.

98. Si le fait n'est qu'une *contravention* et si la partie publique ou la partie civile n'a pas demandé le renvoi, le tribunal appliquera la peine. Dans ce cas, son jugement sera en dernier ressort. (Code Instr. crim., art. 192[1].)

Fait de compétence de la cour d'assises.

99. Si le fait est de nature à mériter une peine afflictive ou infamante, le tribunal pourra décerner tout de suite le mandat de dépôt ou le mandat d'arrêt, et il renverra le prévenu devant le juge d'instruction compétent. (Code Instr. crim., art. 193.)

§ 4. *De la preuve des délits correctionnels.*

Preuve des délits. — Foi due aux procès-verbaux.

100. La preuve des délits correctionnels se fera, soit par procès-verbaux, soit *par témoins*, à défaut de procès-verbaux à leur appui.

Nul ne sera admis, à peine de nullité, à faire preuve par témoins outre et contre le contenu aux procès-verbaux ou rapports des officiers de police ayant reçu de la loi le pouvoir de constater les délits ou les contraventions jusqu'à inscription de faux. Quant aux procès-verbaux ou rapports faits par des agents, préposés ou officiers auxquels la loi n'a pas accordé le droit d'être crus jusqu'à l'inscription de faux, ils pourront être débattus par des preuves contraires, soit écrites, soit testimoniales, si le tribunal juge à propos de les admettre. (Code Instr. crim., art. 154.)

---

[1] *Sic*: Dalloz-J.-G. V° douanes n° 916, p. 821. — Dujardin-Sailly, L. E. n°° 35 et suivants.

101. Lorsqu'il s'agit d'un délit de compétence correctionnelle, l'Administration et le ministère public peuvent, en cas de nullité, et même à défaut d'un procès-verbal, être admis à faire, par les voies que le droit commun autorise, la preuve des faits de fraude et de contrebande qu'ils dénoncent à la justice et ces faits, une fois prouvés, les tribunaux ne sauraient se dispenser d'appliquer aux contrevenants, indépendamment de la confiscation des marchandises, les peines pécuniaires et corporelles que comporte le délit d'après les lois de la matière. (Décr. du 8 mars 1811, art. 1er (1).) *Preuve de droit commun en cas d'absence ou de nullité de procès-verbal.*

§ 5. *Des jugements des tribunaux correctionnels.*

102. Dans le dispositif de tout jugement de condamnation seront énoncés les faits dont les personnes citées seront jugées coupables ou responsables, la peine et les condamnations civiles. Le texte de la loi dont on fera l'application sera lu à l'audience par le président; il sera fait mention de cette lecture dans le jugement et le texte de la loi y sera inséré, sous peine de cinquante francs d'amende contre le greffier. (Code Instr. crim., art. 195.) *Ce que doit contenir le jugement.*

103. La minute du jugement sera signée au plus tard dans les vingt-quatre heures par les juges qui l'auront rendu. (Code Instr. crim., art. 196.) *Minutes.*

§ 6. *De l'opposition aux jugements correctionnels par défaut.*

104. L'opposition à un jugement par défaut du tribunal correctionnel doit être formée *dans les cinq jours*, outre un jour par *Opposition. Délais.*

---

(1) Sic: Aix, 11 juillet 1831, aff. Dalmasès; cass. 21 nov. 1838, aff. Guénot; 9 mars 1843, aff. Hartloff; 8 février 1839, aff. Libert; 21 nov. 1834, aff. Barbieux; 26 août 1820, aff. Roget; 26 février 1887, aff. Branly; ch. crim., *Bull. off.* n° 81. — Cass. 28 février 1874. — Doc. lith. n° 231. (Argument.) Voir également sur cette importante question: Dalloz-J.-G. V° douanes nos 871, 877 et 878. V° procès-verbal. — Legraverend, t. 1er p. 219. — Bourguignon, j. du Code crim., t. 1er p. 113.

cinq myriamètres, à compter de celui de la signification à personne ou à domicile; elle doit être notifiée tant au ministère public qu'à la partie civile. (Code Instr. crim., art. 187.)

Toutefois, si la signification n'a pas été faite à personne, s'il ne résulte pas d'actes d'exécution du jugement que le prévenu en a eu connaissance, l'opposition sera recevable jusqu'à l'expiration des délais de la prescription de la peine (même article).

Nouveau jugement.

105. L'opposition emportera de plein droit citation à la première audience; elle est comme non avenue, si l'opposant ne comparait pas et le jugement que le tribunal aurait rendu sur l'opposition ne pourrait être attaqué par la partie qui l'aurait formée, si ce n'est pour appel. (Code Instr. crim., art. 188.)

Section II. — De l'appel des jugements rendus en matière correctionnelle de douanes.

§ 1er. *De la faculté d'attaquer par la voie de l'appel les jugements rendus en première instance par le tribunal correctionnel.*

106. L'appel des jugements rendus en matière correctionnelle sera porté à la Cour d'appel. (Code Instr. crim., art. 201).

Acte d'appel.

107. L'appel se fait par une déclaration au greffe du tribunal d'où émane le jugement. (Code Instr. crim., art. 203.)

Qui peut appeler.

108. La faculté d'appeler appartiendra :

1° Aux parties prévenues ou responsables ;

2° A la partie civile quant à ses intérêts civils seulement ;

3° Au procureur de la République près le tribunal d'arrondissement ;

4° Au procureur général près la cour d'appel.

§ 2. *Des délais pour interjeter appel des jugements correctionnels.*

Délai d'appel.

109. Il y aura, sauf l'exception portée à l'article 205 du Code d'Instruction criminelle (voir le n° 111, ci-après), déchéance de l'appel si la déclaration d'appeler n'a pas été faite *dix jours* au plus tard après celui où *le jugement a été prononcé, s'il est contradictoire;* et, si *le jugement est rendu par défaut, dix jours* au plus tard après *celui de la signification* qui en aura été faite à la partie condamnée ou à son domicile, outre un jour par trois myriamètres. *Pendant ce délai* et pendant l'instance d'appel, il sera sursis à l'exécution du jugement (Code Instr. crim., art. 203.). Mais, en cas d'acquittement, l'inculpé, s'il est détenu, est immédiatement, et *nonobstant appel*, mis en liberté. (Code Instr. crim., art. 206 d'ap. la loi du 14 juillet 1865; loi du 20 mai 1863, art. 6[1].)

110. La requête contenant les moyens d'appel pourra être remise dans le même délai au greffe du tribunal. Elle est signée de l'appelant ou d'un avoué, ou de tout autre fondé de pouvoir spécial. Dans ce dernier cas, le pouvoir est annexé à la requête. Cette requête pourra être aussi remise directement au greffe de la Cour d'appel[1]. (Code Instr. crim., art. 204.) Moyens d'appel.

111. Le procureur général près la cour d'appel devra notifier son recours soit au prévenu, soit à la personne civilement respon- Appel du procureur général.

---

[1] Il faut remarquer *qu'en matière correctionnelle*, sont suspensifs de l'exécution du jugement, non seulement *l'acte* même d'opposition ou d'appel, mais aussi *les délais*, pour exercer ces voies de recours. (N°s 71 et 104 d'une part; n°s 75 et 109 de l'autre. Voir également le n° 180.

[1] Cette disposition de l'article 204 (la requête contenant les moyens d'appel *pourra* être remise, etc.) est facultative, ainsi que celle de l'article 422 du même code portant que le condamné qui se pourvoit en cassation *pourra* déposer la requête contenant ses moyens, soit en faisant sa déclaration, soit dans les dix jours suivants. La remise d'une requête, soit en appel, soit en pourvoi ne serait donc pas de rigueur, et, en cela, le Code aurait dérogé à la loi du 3 brumaire an IV, qui, article 193, prononçait la déchéance de l'appel à défaut de la remise de la requête. Au surplus, en matière criminelle ou correctionnelle, on ne doit jamais négliger, dans l'intérêt de l'Administration, de remettre une requête à l'appui de son appel ou de son pourvoi.

sable du délit, *dans les deux mois* à compter du jour de la prononciation du jugement, ou, si le jugement lui a été légalement notifié par l'une des parties, dans le mois du jour de cette notification ; sinon, il sera déchu. (Code Instr. crim., art. 205.)

§ 3. *De l'instruction et de l'arrêt d'appel.*

1° DE L'EXAMEN DE L'APPEL À L'AUDIENCE.

Jugement ou arrêt sur appel.

112. L'appel sera jugé à l'audience dans le mois sur le rapport d'un conseiller (art. 209 du Code d'instr. crim.) ; à la suite du rapport, les parties et le procureur général sont entendus et ensuite la Cour statue. (Code Instr. crim., art. 210.)

113. Les dispositions des articles précédents sur la solennité de l'instruction, la nature des preuves, la forme, l'authenticité et la signature du jugement définitif de première instance, la condamnation aux frais ainsi que les peines que ces articles prononcent, seront communs aux jugements rendus sur l'appel. (Code Instr. crim., art. 211.)

2°. DES SUITES DE LA RÉFORME DU JUGEMENT DE PREMIÈRE INSTANCE.

Réforme du jugement de première instance.

114. Si le jugement est réformé parce que le fait n'est réputé délit ni contravention (de douanes) par aucune loi, la Cour renverra le prévenu (Code Instr. crim., art. 212.)

Arrêt sur contravention.

115. Si le jugement est annulé parce que le fait ne présente qu'une contravention (de douanes) et si la partie publique et la partie civile n'ont pas demandé le renvoi, la Cour prononcera la peine. (Code Instr. crim., art. 213.)

Renvoi devant la Cour d'assises.

116. Si le jugement est annulé parce que le délit est de nature à mériter une peine afflictive ou infamante, la Cour décernera, s'il y a lieu, le mandat de dépôt, ou même le mandat d'arrêt et renverra le prévenu devant le fonctionnaire public compétent, autre toutefois que celui qui aura rendu le jugement ou fait l'instruction. (Code Instr. crim., art. 214.)

117. Si le jugement est annulé pour violation ou omission non réparée des formes prescrites par la loi, à peine de nullité, la Cour statuera sur le fond. (Code Instr. crim., art. 215.) Jugement annulé pour violation des formes.

§ 4. De la faculté d'attaquer par la voie de l'opposition, les arrêts rendus par défaut sur l'appel.

118. Les arrêts rendus par défaut sur l'appel pourront être attaqués par la voie de l'opposition *dans la même forme* et *dans les mêmes délais* que les jugements par défaut rendus par les tribunaux correctionnels. L'opposition emportera de droit citation à la première audience; elle sera comme non avenue si l'opposant ne comparait pas. L'arrêt qui interviendra sur l'opposition ne pourra être attaqué par la partie qui l'aura formée, si ce n'est devant la Cour de cassation. (Code Instr. crim., art. 208.) Opposition.

CHAPITRE III.

DE LA PROCÉDURE POUR CRIMES.

Section Ire. — De la compétence des cours d'assises.

§ 1er. Des crimes justiciables de la cour d'assises.

119. Les Cours d'assises connaissent : Compétence.

1° Des crimes de rébellion et de contrebande avec attroupement et port d'armes. (Loi du 13 floréal an XI, art. 4, 6 et 7 [1].)

---

[1] Les articles 54, 55, et 56 de la loi du 28 avril 1816 avaient attribué la connaissance de ces crimes aux *Cours prévôtales*; la loi antérieure du 13 floréal an XI l'avait donnée aux tribunaux spéciaux, depuis Cours de justice criminelles spéciales. — Or les articles précités de la loi

2° Des crimes de prévarication [1] commis par les agents de douanes et ceux chargés de leur prêter main-forte. (Loi du 13 floréal an XI, art. 6.)

3° Des faux commis dans la rédaction des procès-verbaux de douanes. (Code Instr. crim., art. 448 et suivants; Code pénal, art. 145 et suivants.)

4° Des voies de fait et violences *graves* exercées contre ou par les employés. (Code pén., art. 209.)

---

de 1816 ayant été *abrogés* par l'article 38 de la loi du 21 avril 1818, les dispositions de la loi de floréal devraient être suivies, relativement à la compétence dévolue aux Cours d'assises, comme remplaçant les Cours de justice criminelle spéciales auxquelles cette loi avait renvoyé la connaissance des crimes de douane. Mais aujourd'hui il n'y a plus de *crimes de contrebande*, légalement parlant; il n'y a plus que des actes qui constituent, à l'occasion de faits de contrebande, des crimes ou des délits de rébellion, suivant la loi commune, et dont les peines sont déterminées par le Code pénal. Aujourd'hui, tous les faits de contrebande, autrefois réputés crimes de douanes, n'ont de caractère criminel, qu'autant qu'ils rentrent dans les termes du droit commun, c'est-à-dire dans les prescriptions du Code pénal. Si donc les contrebandiers sont encore aujourd'hui exposés à des peines afflictives et infamantes, ce n'est point pour s'être livrés à la contrebande, mais pour s'être mis en état de rébellion contre l'autorité et avoir usé de voies de fait et violences *graves* envers les agents des douanes.

C'est ce qui résulte des dispositions combinées des articles 37 et 38 de la loi du 21 avril 1818, dispositions qui ont correctionnalisé, au point de vue de la compétence et des pénalités, les anciens crimes de contrebande dont connaissaient autrefois les tribunaux spéciaux et les cours prévôtales. (Voir Dalloz, J.-G. n°° 821 et 888. V° Douanes.) Les crimes de contrebande n'ont donc été compris, dans le n° 113 ci-dessus, parmi les infractions à la loi pénale, justiciables des cours d'assises, qu'à titre de renseignement historique et rétrospectif.

[1] La prévarication des agents des douanes consiste dans le fait, soit simplement de favoriser la contrebande, soit d'y prendre une part effective. (Loi du 13 floréal an XI, art. 6; loi du 21 avril 1818, art. 39.)

§ 2. *Des obligations des procureurs généraux relativement à la contrebande.*

120. Le procureur général et son substitut, chacun en ce qui le concerne, seront tenus de décerner le mandat de dépôt contre les prévenus et leurs complices, s'ils ne sont pas déjà en arrestation; de requérir la délivrance du mandat d'arrêt; de dresser l'acte d'accusation lorsqu'il y a lieu; et, toutes autres affaires cessantes, de faire traduire les prévenus et leurs complices devant la cour d'assises : le tout, sans aucune espèce d'interruption ni de retard et sous leur responsabilité personnelle. (Arrêté du 4e jour complémentaire an XI, art. 7.) Obligations du procureur général.

121. Les procureurs généraux sont spécialement chargés de surveiller la poursuite, l'instruction et le jugement de toutes les affaires concernant l'introduction frauduleuse de toute espèce de marchandise de contrebande.

Ils sont tenus de se pourvoir par voie de droit, dans les délais prescrits par la loi, contre tout jugement qui, au mépris de l'article 11 titre IV de la loi du 9 floréal an VII, aurait admis la preuve testimoniale contre les procès-verbaux ou prononcé d'autres nullités que celles qui sont admises par les dix premiers articles du même titre; enfin, contre les jugements ou arrêts qui, au mépris de l'article 16, auraient excusé les contrevenants sur l'intention.

(Arrêté du 4e jour complémentaire an XI, art. 12.)

Section II. Des règles de la procédure criminelle en matière de douanes.

122. S'il y a lieu à procédure criminelle, on suivra les règles prescrites par les lois sur la justice criminelle. (Loi du 6 germinal an II, tit. VI, art. 20.) Instance criminelle.

123. Quand l'instruction est terminée et les débats clos, la partie civile (employé stipulant pour l'Administration, ou l'avocat) Condamnations civiles.

doit, *avant que l'arrêt soit prononcé*, prendre des conclusions aux fins civiles [1].

Plus tard, cette demande ne serait plus recevable. (Code Instr. crim., art. 359 [2].)

Cas spécial où la Cour, bien qu'incompétente, prononce la peine établie par la loi.

124. Dans le cas où, d'après les débats, le fait délictueux soumis à la cour d'assises ne se trouverait plus être de la compétence de cette cour, la cour prononcera néanmoins la peine établie par la loi contre ce fait délictueux (art. 365 du Code d'Instr. crim.) sur les conclusions du ministère public.

Des dommages-intérêts en cas d'acquittement ou d'absolution de l'accusé.

125. Dans le cas d'absolution, comme dans celui *d'acquittement* ou de condamnation, la cour statuera sur les dommages-intérêts prétendus par la partie civile ou l'accusé et les liquidera par le même arrêt (Code d'instr. crim., art. 358 et 366 [3].)

---

(1) Ces fins civiles, pour l'Administration, sont la confiscation et l'amende : aussi, après avoir dit que les crimes dont il s'agit seraient jugés et punis ainsi que le prescrivaient les lois du 10 septembre 1815, l'article 56 de la loi du 28 avril 1816 avait-il ajouté qu'il serait en même temps statué *sur les condamnations civiles*, telles que confiscations, amende et dommages-intérêts, et cette disposition était tellement conforme à la jurisprudence suivie jusqu'alors et surtout à l'article 359 du Code d'instruction criminelle, qu'il est légalement présumable que l'article 56 n'a été annulé par la loi de 1818 qu'en ce qui concerne l'application de la loi du 20 septembre 1815, qui n'existait plus elle-même, et que sa disposition finale pourrait être encore utilement invoquée, si le Code d'instruction criminelle n'en dispensait pas.

(2) Mais ces demandes *à fins civiles* pourraient encore être portées devant le juge de paix ou autres juges suivant la nature de l'affaire. (Cass. 5 novembre 1818.)

(3) L'acquittement de l'accusé ne fait pas, en effet, obstacle à ce que la Cour d'assises accorde des dommages-intérêts à la partie lésée lorsque son arrêt peut se concilier avec la déclaration du jury, et surtout quand l'action civile repose sur une inculpation autre que celle qui est jugée par le tribunal criminel.

(Cass., 22 juillet 1813. Sir. 13-1-117, 29 juin 1827, *Bull.* n° 161 ; 21 juin 1830, *Bull.* n° 211 ; 18 octobre 1812, *Bull.* n° 281.)

(Cour d'assises de Rouen, aff. Davin, 13 février 1843. — Doc. lith. n° 278.)

CHAPITRE IV.

DES DISPOSITIONS COMMUNES À TOUTES LES INSTANCES.

Section Ire. — Des jugements préparatoires et interlocutoires.

Jugements préparatoires et interlocutoires.

126. Sont réputés *préparatoires*, les jugements rendus pour l'instruction de la cause et qui tendent à mettre le procès en état de recevoir un jugement *définitif*. Sont réputés *interlocutoires*, les jugements rendus lorsque le tribunal admet *avant-dire-droit* une preuve, une vérification ou une instruction *qui préjuge le fond* (1). (Code Proc. civ., art. 452.)

Appel des jugements préparatoires.

127. L'appel d'un jugement préparatoire ne peut être interjeté qu'après le jugement définitif et conjointement avec l'appel de ce jugement, et le délai de l'appel ne court que du jour de la signification du jugement définitif: cet appel est recevable encore que le jugement préparatoire ait été exécuté sans réserve.

Appel d'un jugement interlocutoire.

L'appel d'un jugement interlocutoire peut être interjeté *avant* le jugement définitif. (Code Proc. civ., art. 451.) Il est *suspensif* de l'exécution, à moins que le jugement n'ait prononcé l'exécution provisoire, dans les cas où elle est autorisée. (Même code, art. 457.)

Section II. — De l'obligation imposée au prévenu.

Preuves de non-contravention.

128. Dans toute action sur une saisie, les preuves de la non-contravention sont à la charge du saisi. (Loi du 4 germinal an II, tit. VI, art. 7.)

---

(1) Un jugement interlocutoire ne lie cependant pas les juges. Cette maxime est applicable à tous jugements interlocutoires qui ordonnent une preuve, une vérification ou une instruction, en ce sens qu'après avoir ordonné la vérification d'un fait qui lui paraissait décisif, le tribunal peut, s'il reconnaît ensuite que ce fait est indifférent, prononcer contre la partie même qui en a fait la preuve.

Section III. — Défenses faites aux juges.

Mainlevée des objets saisis.

129. Les tribunaux ne peuvent donner mainlevée provisoire des marchandises saisies, à peine de nullité des jugements et des dommages-intérêts de l'Administration. Cette mainlevée ne doit être prononcée que lorsqu'il est statué définitivement sur l'instance entamée. (Loi du 22 août 1791, tit. XII, art. 2 [1].)

Modération des condamnations.

130. Les juges ne peuvent modérer ni les droits, ni la confiscation, ni l'amende, non plus qu'en ordonner l'emploi au préjudice de l'Administration, sous peine d'en répondre personnellement. (Lois du 22 août 1791, tit. XII, art. 4, et du 4 germinal an II, tit. VI, art. 23.)

Excuse. Intention.

131. Il est expressément défendu aux juges d'excuser les contrevenants sur l'intention. (9 floréal an VII, tit. IV, art. 16, § 2). Il leur est également interdit de donner contre les contraintes décernées par la douane aucune défense ou surséance. (Loi du 22 août 1791, tit. XIII, art. 33; voir ci-dessus n° 58 [2].)

132. Les juges des tribunaux et leurs greffiers ne pourront expédier des acquits de payement ou des acquits-à-caution, congés, passavants, réceptions ou décharges de soumissions, ni rendre aucun jugement pour tenir lieu desdites expéditions; mais, en cas de difficultés entre les marchands et les voituriers et les préposés des douanes, les juges régleront les dommages-intérêts que lesdits marchands ou voituriers pourraient prétendre à raison du refus qu'ils auraient éprouvé, de la part desdits préposés, de leur

---

[1] De plus, s'il y a recours en cassation contre cette sentence définitive, la remise des objets saisis dont les juges auraient prononcé la mainlevée, est subordonnée à la condition d'un cautionnement préalable. — Voir ci-après le n° 132.

[2] On peut ajouter : l'interdiction d'apprécier les dommages-intérêts dus pour une saisie non fondée. La loi fixe elle-même l'indemnité et l'impose au juge. Voir n° 36 ci-dessus.

délivrer des acquits de payement ou à-caution, congés ou passavants. (Loi du 22 août 1791, tit. XI, art. 2.)

Section IV. — Des droits particuliers réservés à la douane.

§ 1er. *De la garantie.*

Action en garantie.

133. La confiscation des marchandises saisies pourra être poursuivie et prononcée contre les préposés à leur conduite, sans que l'administration soit tenue de mettre en cause les propriétaires, quand même ils lui seraient indiqués, sauf, si lesdits propriétaires intervenaient ou étaient appelés par ceux sur lesquels les saisies auraient été faites, à être statué, ainsi que de droit, sur leur intervention et réclamation. (Loi du 22 août 1791, tit. XII, art. 1er.)

§ 2. *De la solidarité pour l'amende et les dépens.*

Solidarité pour l'amende et les dépens.

134. Les condamnations prononcées contre plusieurs personnes *pour un même fait de fraude* sont *solidaires*, tant pour l'amende et les dépens que pour la restitution du prix des marchandises confisquées dont la remise provisoire aurait été faite. (Loi du 22 août 1791, tit. XII, art. 3. Loi du 4 germinal an II, tit. VI, art. 22.) Les propriétaires des marchandises saisies, ceux qui seraient chargés de les introduire, les assureurs, leurs complices et adhérents seront tous *solidaires* et *contraignables par corps* pour le payement de l'amende. (Décr. du 8 mars 1811, art. 2.)

§ 3. *De la revendication du prix des objets saisis.*

Revendication du prix et des objets saisis.

135. Les objets saisis ou confisqués, non plus que le prix, qu'il soit consigné ou non, ne peuvent, ni être revendiqués par les propriétaires, ni réclamés par aucun créancier, même privilégié, sauf leur recours contre les auteurs de la fraude. (Loi du 22 août 1791, tit. XII, art. 5.) .

§ 4. *Du mode d'instruction des affaires.*

Mode d'instruction des affaires.

136. En première instance et sur appel, l'instruction est *verbale*, sur *simple mémoire* et sans frais de justice à répéter de part ni d'autre. (Loi du 4 germinal an 11, tit. VI, art. 17.) [1]

§ 5. *De la délivrance des exploits.*

Délivrance des exploits.

137. Les préposés des douanes pourront faire, *pour raison des droits de douanes*, tous exploits et autres actes de justice que les huissiers ont accoutumé de faire; ils pourront toutefois se servir de tel huissier que bon leur semblera, notamment pour les ventes d'objets saisis, confisqués ou abandonnés. (Loi du 22 août 1791, tit. XIII, art. 18) [2].

Section V. — Des frais et dépens.

Frais et dépens.

138. En toute matière, civile, correctionnelle ou criminelle, la partie qui succombe est toujours condamnée aux frais (déboursés accessoires et dépens (frais pour la suite judiciaire), même envers la partie publique.

---

[1] Cependant, lorsque dans une affaire portée devant les tribunaux d'arrondissement, l'Administration ne se borne pas à produire un mémoire et veut se présenter à la barre pour y plaider avec avocat, elle doit se servir du ministère d'un avoué pour signer ses conclusions.

[2] On peut ajouter à ces dispositions de faveur :

1° La dispense pour l'Administration des douanes de toute consignation de l'amende encourue en droit commun :

Pour fol appel (Art. 471, Code de Pr. civ.);

Pour requête civile ou pourvoi en cassation téméraires (Code Pr. civ., art. 495; loi du 13 brumaire an v, art. 1er; loi du 2 brumaire an iv, art. 17.; arrêté du Ministre des finances en date du 9 avril 1847; circ. des douanes du 23 juin 1847, n° 2175. A. S. Voir également le n° 155 ci-dessous au chap. des pourvois en cassation.);

2° La faculté de n'effectuer aucun payement demandé, en vertu d'un jugement attaqué par le recours en cassation, à moins qu'au préalable celui au profit duquel a été rendu le jugement ne fournisse caution suffisante pour sûreté des sommes à lui adjugées. (Décret du 16 juillet 1793.) Voir ci-après, n° 151.

Les dépens sont liquidés par le jugement. (Code Proc. civ., art. 130 et Code Instr. crim., art. 162, 194, 368.)

139. La condamnation aux frais est prononcée *dans toutes les procédures, solidairement*, contre tous les auteurs et complices d'un même fait, et contre les personnes civilement responsables du délit. (Décr. du 18 juin 1811, art. 156) [1]. Solidarité de la condamnation.

140. Les frais de transport nécessaire (ou d'expertise) doivent être avancés par la partie requérante. (Code Proc. civ., art. 301 [2].) Frais de transport en cas d'expertise.

141. Les frais de l'expédition de la signification d'un jugement par défaut et de l'opposition pourront être laissés à la charge du prévenu. (Code Instr. crim., art. 187.) Frais d'un jugement par défaut.

142. Les frais de mise en fourrière font partie des frais de justice. (Décr. du 18 juin 1811, art. 2, § 5.) Frais de mise en fourrière.

143. Dans le cas où des fraudeurs arrêtés se trouvent, par une cause quelconque, hors d'état de faire à pied le trajet du lieu de l'arrestation à la maison d'arrêt où ils doivent être écroués, il doit être procédé, par voie de réquisition, à la fourniture d'une voiture. (Décr. du 18 juin 1811, tit. Ier, art. 4, 5 et 6.) Transport des prévenus.

144. Ceux qui se sont *constitués parties civiles*, soit qu'ils succombent ou non, sont personnellement tenus des frais d'instruction, expédition et signification des jugements, sauf leur recours contre les prévenus condamnés et contre les prévenus civilement responsables du délit. (Décr. du 18 juin 1811, art. 157, modifié par l'article 368 du Code d'Instruction criminelle.) Parties civiles.

---

[1] Quant aux honoraires des avocats et avoués, ils doivent toujours rester à la charge de la partie qui les emploie. (Cass. 26 mars 1827. Décision du 6 oct. 1838. Doc. lith. n° 21.)

[2] En fait, les frais de transport pour l'expertise ne sont jamais avancés par le déclarant, même quand il est partie requérante.

4.

Partie civile. **145.** *Dans une instance criminelle*, quiconque se porte partie civile assume la responsabilité de l'instance et est condamné aux frais *en cas d'acquittement du prévenu.* (Code Instr. crim., art. 368.)

Id. **146.** Est assimilée aux parties civiles toute régie ou administration publique relativement aux procès suivis, soit à sa requête soit même d'office et dans son intérêt. (Décr. du 18 juin 1811, art. 158.) [1]

CHAPITRE V.

DES POURVOIS EN CASSATION.

Section Ire. — Du pourvoi en matière civile.

§ 1er. *Des jugements ou arrêts susceptibles d'un recours en cassation.*

Contre quels jugements peut-on se pourvoir? **147.** Le pourvoi en cassation est ouvert contre tous les jugements *en dernier ressort*, et jamais contre ceux qui sont sujets à appel, *alors même que les délais seraient expirés*, car dans ce cas on est censé avoir acquiescé à la sentence; ainsi sont attaquables *par la voie de la cassation :*

Les arrêts des cours d'appel ;

Les jugements des tribunaux d'arrondissement en 1er et dernier ressort, ou les jugements en dernier ressort seulement (appel des justices de paix).

148. *En cas d'excès de pouvoir,* le procureur général peut cependant, sur l'ordre du Gouvernement, attaquer même les décisions rendues en *1er ressort seulement.* (Code Proc. civ.)

---

[1] Mais cet intérêt ne doit s'entendre que de l'intérêt matériel et pécuniaire. (Cass., 19 mars 1830.)

§ 2. *Des cas d'ouverture en cassation.*

Cas d'ouverture du recours en cassation.

149. Le pourvoi en cassation ne peut être motivé que sur :

1° L'incompétence ou excès de pouvoir;

2° La violation ou fausse application de la loi;

3° La contrariété de jugements en dernier ressort rendus par des cours ou des tribunaux *différents*, ou même de même ordre, mais ne ressortissant pas les uns aux autres, entre les mêmes parties, sur les mêmes moyens. (Régl. de juges; Code Proc. civ., art. 363 à 367.)

§ 3. *Des délais pour exercer le pourvoi.*

Délai de pourvoi.

150. Le recours en cassation doit être formé *dans les deux mois*, à partir de la signification à personne ou à domicile, pour les jugements ou arrêts contradictoires ou du jour où l'opposition ne sera plus recevable, pour les jugements et arrêts par défaut. (Loi du 2 juin 1862.) [1]

§ 4. *Des effets du pourvoi.*

Effets du pourvoi.

151. En matière civile, le pourvoi n'arrête pas l'exécution du jugement ou arrêt (loi du 1er décembre 1790, art. 16), sauf lorsqu'il s'agit d'un faux incident civil, c'est-à-dire d'un jugement ordonnant la suppression ou la réformation d'une pièce déclarée fausse. (Code Pr. civ., art. 241.) Mais l'Administration est autorisée à ne faire aucun payement demandé en vertu d'un jugement attaqué par le recours en cassation, à moins qu'au préalable, celui au profit de qui a été rendu le jugement ne *donne bonne et suffisante caution* pour sûreté des sommes à lui adjugées. (Décret du 16 juillet 1793.)

Des droits de l'Administration.

152. L'Administration est, en outre, autorisée à ne faire remise d'objets saisis dont la mainlevée aurait été prononcée par juge-

---

[1] Pour les délais complémentaires, à raison des distances, voir les articles 4, 5 et 6 de la loi du 2 juin 1862.

ment contre lequel il y a pourvoi, qu'autant que le propriétaire de ces objets *donne bonne et suffisante caution* de leur valeur. La mainlevée ne peut, d'ailleurs, jamais être accordée pour les marchandises dont l'entrée est prohibée. (Loi du 9 floréal an VII, tit. IV, art. 15.)

§ 5. *Des personnes ayant le droit d'exercer le pourvoi.*

Personnes ayant qualité pour exercer le pourvoi.

153. Peuvent exercer le pourvoi :

1° Les parties ayant figuré dans l'instance et leurs ayants-cause ;

2° Le procureur général près la Cour de cassation, *mais dans deux cas seulement :*

Sur l'ordre du Gouvernement, pour excès de pouvoir et ce, même à l'occasion d'une décision en premier ressort (voir n° 148) et *avant* l'expiration des délais accordés aux parties, *à qui le pourvoi profite.*

De son chef, pour violation de la loi et des formes, mais seulement à propos d'une décision en dernier ressort, *après* l'expiration des délais accordés aux parties, *auxquelles le pourvoi ne profite plus alors* (pourvoi dans l'intérêt de la loi *porté directement* devant la chambre civile, et qui, bien qu'admis par elle, ne nécessite pas le renvoi de l'affaire devant un autre tribunal).

§ 6. *De la procédure devant la Cour de cassation.*

1° PREMIÈRE PÉRIODE.

Forme du pourvoi.

154. Le pourvoi en cassation s'introduit par un mémoire en forme de requête, signé d'un avocat à la Cour de cassation et déposé au greffe de la Cour, sans signification au défendeur.

Il doit contenir les noms du demandeur et du défendeur, l'indication de l'arrêt attaqué et l'exposé des moyens de cassation.

Consignation d'amende.

On y joint, sous peine de nullité, la quittance de consignation de l'amende (150 francs pour les jugements ou arrêts contradictoires ; moitié, soit 75 francs, pour ceux par défaut).

L'Administration est dispensée de cette consignation. (Loi du 2 brumaire an IV, tit. III, art. 17.) (Voir n° 137 à la note.)

155. Il est d'abord statué sur le pourvoi par la Chambre des requêtes, qui rend un arrêt portant rejet ou admission de la requête présentée. Si les moyens de cassation ne lui paraissent pas sérieux et admissibles, la Chambre rend un arrêt de rejet *motivé et définitif*. Dans le cas contraire, elle prononce le renvoi à la Chambre civile et son arrêt n'est alors ni *motivé* ni *définitif* (puisque, d'une part, il ne tranche pas la question, et que, d'autre part, il est inutile de donner des motifs qui ne seront peut-être pas admis dans la Chambre civile). Rejet ou admission de la requête.

2° DEUXIÈME PÉRIODE.

156. Si la requête est admise, le demandeur doit, DANS LES DEUX MOIS DE L'ADMISSION, signifier au défendeur copie: Ajournement.

1° De la requête introductive;

2° De l'arrêt d'admission avec sommation de comparaître, c'est-à-dire de choisir un avocat dans le délai *d'un mois* à partir de cette signification.

157. Le défendeur, de son côté, doit constituer son avocat et signifier son mémoire (*dans les trois jours*), faute de quoi l'affaire est jugée par défaut. Défaut.

Toutefois le demandeur n'obtient pas ses conclusions sans un examen approfondi, et il peut même être condamné. Le défendeur peut former opposition dans le délai d'un ou deux mois, suivant les cas. Il doit (sauf l'Administration) alors consigner 300 francs, l'amende étant double en cas de défaut.

Le demandeur peut signifier un autre mémoire en réponse.

158. Si la Cour rejette le pourvoi, son arrêt, qui est toujours motivé, *est souverain*. Le demandeur (sauf l'Administration) est condamné à une amende de 300 francs pour un jugement ou arrêt contradictoire ou de moitié (150 francs), s'il est par défaut. Rejet du pourvoi.

159. Si la Cour admet le pourvoi, elle casse la sentence et renvoie l'affaire à un autre tribunal de même ordre, *le plus voisin de celui qui a rendu* la décision attaquée, *excepté dans deux cas:* Admission du pourvoi.

1° Si c'est pour contrariété de jugements, car alors, le dernier jugement seul étant cassé, le premier est maintenu;

2° Si le pourvoi est formé par le procureur général près la Cour de cassation dans l'intérêt de la loi (violation de la loi ou des formes) (voir n° 153), le jugement est maintenu à l'égard des parties.

Arrêt sur un second pourvoi.

160. Le tribunal ou la Cour auquel l'affaire est renvoyée par la chambre civile *n'est pas lié par l'arrêt de la Cour.* Mais, si cette juridiction de renvoi, statuant dans la *même* affaire, entre les *mêmes* parties et celles-ci procédant en la *même* qualité, décide dans le même sens que le premier tribunal ou Cour; qu'il y ait un nouveau pourvoi fondé sur les *mêmes* moyens et que la sentence soit cassée pour les *mêmes* motifs que la première, l'affaire est renvoyée par la Cour de cassation, prononçant en audience solennelle, toutes chambres réunies, devant un troisième tribunal ou Cour, *lequel n'a plus la même liberté de décision.* S'il reste, en effet, toujours juge de l'appréciation des faits, il doit se conformer à l'arrêt de cassation sur le *point de droit.* (Loi du 1er avril 1837, art. 2.)

(Pour toutes ces matières : Code de procédure civile, article 504; Règlement du Conseil du 28 juin 1738; Loi du 1er décembre 1790; Loi des 27 ventôse et 22 frimaire an VIII; 2 brumaire an IV; Ordonnance du 15 janvier 1826; Lois des 1er avril 1837 et 2 juin 1862.)

Section II. — Des pourvois en matière pénale.

§ 1er. *Des jugements ou arrêts susceptibles de pourvoi.*

Jugements ou arrêts susceptibles de pourvoi.

161. En matière pénale, les pourvois en cassation peuvent être formés :

Dans l'intérêt des parties;

Dans l'intérêt de la loi;

Sur l'ordre du Ministre de la justice.

Ils sont fondés, tantôt, sur une *violation* même de la loi : soit quant à la compétence, soit quant aux formes substantielles (Loi du 22 frimaire an VIII, art. 66); tantôt, sur la contrariété des jugements rendus en dernier ressort par des cours ou des tribunaux différents, ou même d'ordre identique, mais ne ressortissant pas les uns aux autres, relativement au même délit ou contravention ou à des délits connexes. (Instr. crim. Régl. de juges, art. 525 à 542.)

Le recours en cassation contre les jugements ou arrêts préparatoires et d'instruction n'est ouvert qu'après l'arrêt ou le jugement définitif. Mais la présente disposition n'est pas applicable aux arrêts et jugements rendus sur la compétence. (Instr. crim., art. 416.)

162. Les pourvois dans l'intérêt des parties sont ceux dont le résultat peut nuire ou profiter aux parties engagées dans l'affaire. Ils ne sont jamais fournis que contre des décisions *en dernier ressort* et après expiration des délais d'opposition, si elles ont été prononcées par défaut. Contre les arrêts *par contumace*, le recours n'est ouvert qu'au procureur général et à la partie civile, en ce qui la concerne. (Code Instr. crim., art. 407 et 473.) Pourvoi dans l'intérêt des parties.

163. Les pourvois dans l'intérêt de la loi sont ceux qui ne peuvent pas réagir sur les intérêts des parties, mais qui sont formés dans le but unique de donner satisfaction à la loi pour qu'elle soit mieux observée à l'avenir. (Code Instr. crim., art. 374-409 et 442.) Pourvoi dans l'intérêt de la loi.

164. Les pourvois en annulation sur l'ordre du Ministre de la justice émanent de l'initiative du Gouvernement. Leur caractère est *extraordinaire*. (Code Instr. crim. art. 441.) Idem.

§ 2. *De l'effet du pourvoi.*

165. En principe, le pourvoi en cassation et *même le délai* du pourvoi sont *suspensifs* de l'exécution (Instr. crim., art. 373) [1]. Effet du pourvoi.

---

[1] L'exception a trait aux pourvois contre les arrêts de la Chambre d'accusation qui, eux, dans certains cas, n'ont pas de caractère suspensif. (Instr. crim. art. 301.)

§ 3. *Des délais.*

Délai pour se pourvoir. **166.** Le délai pour émettre le pourvoi contre un arrêt ou contre un jugement rendus EN DERNIER RESSORT en matière pénale est de *trois jours* [1] francs (Code Instr. crim., art. 373) à partir du prononcé de l'arrêt ou du jugement, si la sentence est contradictoire, ou de l'expiration des délais d'opposition, si elle est par défaut (art. 418).

Dans le cas spécial de l'article 412 du Code d'Instruction criminelle, la partie civile contre laquelle on a statué *ultra petita*, n'aura que vingt-quatre heures pour se pourvoir en cassation. (Code Instr. crim. art. 374.)

§ 4. *De la procédure devant la Cour de cassation.*

Comment s'émet le pourvoi. **167.** La déclaration du recours en cassation est faite au greffe du tribunal ou de la cour qui a rendu le jugement ou l'arrêt et inscrite par le greffier sur un registre à ce destiné. (Code Instr. crim., art. 417.)

Idem. **168.** Outre cette inscription de la déclaration du recours en cassation, le recours doit être signifié à la partie dans le délai de trois jours, *si elle est détenue*; et, *si elle est en liberté*, la notification lui en est faite, soit à sa personne, soit au domicile par elle élu, avec augmentation d'un jour de délai par chaque distance de trois myriamètres. (Code Instr. crim., art. 418.)

Obligation imposée à l'Administration. **169.** L'Administration, considérée comme partie civile, est tenue de joindre aux pièces une expédition authentique de l'arrêt. (Code Instr. crim., art. 419.)

---

[1] La brièveté de ce délai exige que la déclaration du pourvoi soit faite sur les lieux mêmes, et immédiatement remise au greffe de la Cour ou du tribunal par le stipulant, au nom de l'Administration, qui, d'après examen des motifs de l'arrêt ou du jugement, donne suite à ce pourvoi ou s'en désiste.

170. Les agents publics pour affaires qui concernent directement l'Administration, les domaines et les revenus de l'État, sont dispensés de la consignation de l'amende (art. 420) imposée par l'article 419 du Code d'Instruction criminelle. Dispense d'amende.

Les Administrations ou régies de l'État qui succomberont ne seront condamnées qu'aux frais et à l'indemnité. (Code Instr. crim., art. 436.)

171. Le condamné ou la partie civile, soit en faisant sa déclaration, soit dans les dix jours suivants, peut déposer au greffe de la cour ou du tribunal qui aura rendu le jugement ou l'arrêt attaqué une requête contenant ses moyens de cassation. (Code Instr. crim. art. 422.) Après les dix jours qui suivront la déclaration, le magistrat du ministère public, à qui la requête a été remise immédiatement par le greffier, fera passer toutes les pièces et requêtes au Ministre de la justice et ce dernier, dans les vingt-quatre heures de leur réception, les transmettra à la Cour de cassation. (Code Instr. crim., art 423 et 424.) Moyens de cassation.

172. La section criminelle de la Cour de cassation, *statue directement* et définitivement, sans qu'il soit besoin d'arrêt préalable d'admission. Elle doit prononcer dans le mois qui suit l'expiration des délais ci-dessus. (Code Instr. crim., art. 425.) Arrêt.

173. Si la cour rejette le pourvoi, la décision attaquée devient exécutoire. (Code Instr. crim., art. 375 et 439.) Rejet du pourvoi.

174. Si elle casse la décision, elle renvoie l'affaire devant une autre juridiction du même ordre; à moins qu'il ne s'agisse d'incompétence, cas auquel elle renvoie devant la juridiction compétente par elle désignée. (Code Instr. crim., art. 427 et 431.) Admission du pourvoi.

175. Dans le cas où la juridiction de renvoi jugerait comme la première juridiction, et, *où sa décision serait attaquée de nouveau* par les mêmes moyens, il y aurait lieu à un examen en audience solennelle, toutes chambres réunies. La seconde juridiction de renvoi serait tenue de se conformer à la décision consacrée de Nouveau pourvoi.

Arrêt définitif. nouveau par les chambres réunies de la cour de cassation. (Loi du 1er avril 1837.)

Cassation sans renvoi. **176.** Par exception, la Cour de cassation casse la décision, *sans renvoi*, si elle reconnait que le fait ne constitue pas une infraction à la loi pénale (C. instr. crim., art. 429), *ou qu'il y ait prescription, amnistie, chose jugée.*

TITRE TROISIÈME.

DE L'EXÉCUTION DES JUGEMENTS.

CHAPITRE PREMIER.

RÈGLES GÉNÉRALES.

Section unique. — DES EFFETS DES JUGEMENTS ET ARRÊTS DÉFINITIFS EN MATIÈRE DE DOUANES.

Par quelle voie elle peut avoir lieu.

177. L'exécution des jugements et arrêts rendus en matière de douanes (condamnations au payement des droits, à celui de la valeur des objets remis provisoirement et confisqués, ou de l'amende, ou enfin à la restitution des sommes que la régie aurait été obligée de payer) peut avoir lieu par toutes voies de droit (Lois des 22 août 1791, tit. XII, art. 6 et 4 germinal an II, tit. VI, art. 4.) (Voir n°s 54, 193 et 194.)

A la requête de qui?

178. Les sentences sont exécutées à la requête du procureur de la République et de la partie civile, chacun en ce qui le concerne. (Code instr. crim. art. 197, § 1er.)

Quand elle peut avoir lieu.

179. Un jugement ne peut être exécuté qu'autant qu'il a acquis force de chose jugée, c'est-à-dire qu'autant qu'il ne peut plus être attaqué, ni par opposition, ni par appel, et, s'il s'agit d'un jugement émané des tribunaux correctionnels, ni par le recours en cassation; à moins toutefois que son exécution provisoire n'ait été ordonnée. (Voir les n°s 75, 72, 105, 109 et 165.)

Point de départ des peines.

180. Il suit de là qu'*en règle générale* la durée des peines temporaires (par ex.: de l'emprisonnement correctionnel) compte seulement du jour où la sentence est devenue *irrévocable*. (Code pénal art. 23.)

181. Par exception, à l'égard des condamnations à l'emprisonnement prononcées contre les individus *en état de détention préalable*, la durée de la peine, *si le condamné n'a pas formé appel ou pourvoi*, compte du jour du *prononcé* du jugement ou de l'arrêt, nonobstant l'appel ou le pourvoi du ministère public, et quel que soit le résultat de cet appel et de ce pourvoi.

Il en est de même si, sur l'appel ou le pourvoi du condamné, la peine a été réduite. (Code pénal. art. 24.)

CHAPITRE II.

DISPOSITIONS SPÉCIALES.

Section Ire. — De la signification des jugements.

Matière correctionnelle. **182.** *En matière correctionnelle*, les significations des jugements et arrêts sont assujetties aux règles du droit commun. Ainsi, lorsqu'il s'agit de jugements *contradictoires*, la signification n'en est pas nécessaire, puisque les délais d'appel ou de pourvoi en cassation courent du jour où la sentence a été prononcée (n°s 109 et 166) (Code Instr. crim., art. 203 et 373). — Contrairement, lorsqu'il s'agit de jugements *par défaut*, le jugement doit être signifié, soit à la personne, soit au domicile du condamné, *lorsque ce domicile est connu*.

183. Si le condamné n'est pas domicilié dans une localité soumise à l'action de la douane, l'exploit de signification est adressé au procureur de la République dans l'arrondissement duquel se trouve le domicile et la signification a lieu par les soins de ce magistrat. Si le condamné est établi à l'étranger ou sur le territoire français hors du continent, le jugement est signifié au domicile du procureur de la République près le tribunal qui l'a rendu : ce magistrat transmet ensuite la signification soit au Ministre des affaires étrangères, soit à celui de la marine, si le prévenu est domicilié hors du continent.

Lorsque le condamné est inconnu, ou s'il n'a ni domicile ni résidence connus en France, il faut, pour que le jugement devienne définitif, le signifier au procureur près le tribunal qui a statué et en afficher copie à la porte principale de ce tribunal. (Arr. de cass. du 6 janvier 1836. Code Proc. civ., art. 69, § 9, et art. 73.) (Circ. n°s 1516 et 1924 A[m]. S[e].)

184. *En matière civile*, les jugements sont signifiés, soit à la partie saisie, soit à l'Administration. Matière civile.

Les significations à la partie sont faites à son domicile si elle en a un réel ou élu dans le lieu de l'établissement du bureau (de dépôt des marchandises et à défaut de dépôt, du bureau où le procès-verbal a été clos). Dans le cas contraire, ou si la partie est inconnue, la signification doit être faite *au maire* de la commune où est situé, soit le bureau de douanes dans lequel le dépôt de la marchandise saisie a été effectué, soit, à défaut d'un dépôt, celui où le procès-verbal a été rédigé. (Loi du 14 fructidor an III, art. 11.) (Circ. 1924 A. S. précitée.)

185. Les significations à l'Administration des douanes sont faites à la personne et au domicile du préposé qui la représente. (Loi du 14 fructidor an III, art. 21.)

Section II. — De la vente des marchandises.

186. Quand le jugement qui prononce la confiscation des marchandises saisies est devenu définitif [1], le receveur des Publicité. Affiche.

[1] Il y a exception dans les cas prévus par la loi où les tribunaux peuvent ordonner la vente provisoire des marchandises. (Voir n°s 22, 23, 24 et 25.)

douanes indique la vente de ces marchandises par une affiche[1] signée de lui et apposée tant à la porte du bureau qu'à celle de l'auditoire du tribunal. (Loi du 14 fructidor an III, art. 7.)

Timbre de l'affiche.

187. Les affiches de ventes et toutes celles qui sont apposées pour le service de l'Administration des douanes sont dispensées du timbre. (Loi du 9 vendémiaire an VII, art. 56.) (Circ. n° 1779, ancienne série.)

Délai de la vente.

188. La vente ne peut avoir lieu que cinq jours après l'apposition de l'affiche. (Loi du 14 fructidor an III, art. 7.)

Vente aux enchères publiques.

189. La vente des objets *confisqués* doit être faite *publiquement* et aux *enchères* (Loi du 14 fructidor an III, art. 8); l'objet est-il tarifé, il est vendu à la charge du payement des droits d'entrée, s'il est, d'ailleurs, destiné à être mis à la consommation; est-il *prohibé* d'une manière générale et absolue, la vente n'en peut avoir lieu qu'à *charge de réexportation*. (Voir circ. 1306, 1916 et 2418, Anne. Sie.)

190. L'adjudication sera faite au plus offrant, en payant comptant : faute de payement, l'effet sera revendu sur-le-champ à la folle enchère de l'adjudicataire. (Code Proc. civ., art. 624.)

Destruction des marchandises sans valeur.

191. Dans les cas où les marchandises sont sans valeur vénale, la destruction en est faite en présence des préposés qui en dressent procès-verbal. (Tarif. — Observations préliminaires, n° 378.)[2].

---

[1] Pour la formation des affiches de vente, les marchandises doivent être reconnues avec le plus grand soin, à vue des procès-verbaux par le receveur et un vérificateur ou visiteur sous la surveillance du sous-inspecteur et en présence de deux employés de la partie active intéressée aux saisies. Les affiches préparées sont soumises à l'inspecteur; elles désignent avec clarté et exactitude le lieu, le jour et les conditions de la vente, ainsi que les quantités et espèces de marchandises.

[2] Pour les formalités d'ordre purement administratif, relatives à la vente, consulter les circ. 904, 1729, 1216 A. S.

Section III. — De la réexportation, après vente, des marchandises dont la consommation est défendue.

Réexportation des marchandises prohibées saisies.

192. Les marchandises *prohibées, saisies et vendues* dans les douanes *de terre ou de mer*, devront être réexportées[1] dans les délais et sous les indications déterminées par les règlements (Voir notamment Circ. 1916 A. S.[2])

Section IV. — De la contrainte par corps.

Quand est-elle exercée?

193. Quand la partie ne satisfait pas aux condamnations *pécuniaires* qui, prononcées contre elle pour *contraventions, délits* ou *crimes* de douanes, ont fait l'objet d'une signification du jugement *avec commandement de payer*, la contrainte par corps, est exercée pour le recouvrement de ces condamnations. (Lois du 22 août 1791, tit. XII, art. 6, et du 22 juillet 1867, art. 1er et 2, 4 et 5.)

Pour quels objets?

194. La contrainte par corps peut être exercée, non seulement pour les amendes, restitutions et dommages-intérêts, mais *encore pour les frais dus à l'État*. (Loi du 19 décembre 1871.)

Renvoi à la loi du 22 juillet 1867.

195. *La durée* de la contrainte par corps, les cas dans lesquels elle doit ou non être prononcée par les tribunaux, ceux dans lesquels elle doit être réduite, soit en raison de l'âge, soit de l'in-

---

(1) La mise en entrepôt équivaut à la réexportation.

(2) Il ne s'agit, dans les sections II et III, que de marchandises saisies pour infractions aux lois de douanes et dont la confiscation a été judiciairement prononcée au profit de l'Administration.

Pour les dépôts de marchandises constitués au seul point de vue de l'application des tarifs de douanes, consulter les circulaires nos 1039 et 1916 Anc. Sie. et les observations préliminaires du tarif nos 367 à 353.

Pour les marchandises provenant des naufrages, voir la loi du 22 août 1791, tit. XII, l'arrêté du 17 floréal an XI et le tarif off. obs. prélim. n° 382.

solvabilité des condamnés, sont réglés par la loi générale du 22 juillet 1867. (*Bull. des lois* n° 1508; circ. 1073 du 14 octobre 1867.)

Formalités. — Commandement portant extrait du jugement. — Demande au procureur de la République. — Réquisition aux agents de la force publique.

196. En toute matière, les jugements ne peuvent être exécutés par la voie de la contrainte par corps que *cinq jours* après le commandement qui en est fait aux condamnés, à la requête du receveur représentant l'Administration. Dans le cas où le jugement de condamnation n'a pas été précédemment signifié au débiteur, le commandement porte en tête un extrait de ce jugement, lequel extrait, contient le nom des parties et le dispositif. Sur le vu du commandement, et sur la demande du receveur, le procureur de la République adresse les réquisitoires nécessaires aux agents de la force publique et autres fonctionnaires chargés de l'exécution des mandements de justice. (Loi du 22 juillet 1867.)

Recommandation sur écrou.

197. *Si le débiteur est détenu, la recommandation sur écrou* peut être ordonnée par le ministère public immédiatement après notification du commandement. (Lois du 17 avril 1832, art. 33; loi du 22 juillet 1867, art. 3.)

Aliments. — Dispense de consignation pour l'Administration.

198. Les détenus en prison à la requête de l'agent du Trésor public ou de toute autre administration publique, par suite d'une condamnation pour fait de contrebande, reçoivent la nourriture comme les prisonniers à la requête du ministère public. Il n'est fait par l'Administration aucune consignation particulière pour la nourriture de ces prévenus. (Décr. du 4 mars 1808; déc. minist. du 3 juin 1817; loi du 22 juillet 1867, art. 6; lettre de l'administration en date du 22 mai 1875, au Directeur à Nancy.)

---

(1) Une sentence ne peut être exécutée qu'autant qu'elle *a acquis force de chose jugée*. Tel est le principe. (N° 179.) Or la contrainte par corps, et, par suite, *la recommandation sur écrou*, constituant des voies d'exécution, ne deviennent possibles que *lorsque la sentence est définitive*.

199. En toute matière, la contrainte par corps, c'est-à-dire l'emprisonnement, cesse de plein droit à l'expiration du temps fixé par le jugement, que le condamné ait ou non justifié de son insolvabilité. (Loi du 17 avril 1832, art. 13.)

Durée de l'emprisonnement.

TITRE QUATRIÈME.

DE QUELQUES MATIÈRES ET PROCÉDURES SPÉCIALES.

CHAPITRE PREMIER.

DES POURSUITES À VUE ET DES SAISIES À DOMICILE.

Section I. — Des saisies à domicile dans le rayon terrestre ou maritime [1] en cas de poursuites à vue.

Saisies à domicile dans le rayon terrestre ou maritime en cas de poursuites à vue.

200. Dans le cas où des préposés ayant suivi constamment des marchandises de contrebande *ou autres* [2] *sont présents à l'instant où on les introduit dans une maison*, ils peuvent y pénétrer

---

[1] Le rayon de terre est de 4 lieues (anciennes) au moins (deux myriamètres) (loi du 8 floréal, an XI, art. 84; loi du 28 avril 1816, art. 16.) Le rayon de mer est de 2 lieues (anciennes) à partir des côtes (8 floréal an XI, art. 85 et loi du 22 août 1791, tit. XIII, art. 36.)

[2] La généralité de ces termes indique que les saisies dont il s'agit peuvent porter sur :

1° Des marchandises tarifées dont le droit ne s'élèverait pas à 3 francs vues pénétrer en France par les frontières de mer et suivies sans interruption. (Loi du 22 août 1791, tit. XIII, art. 35 et 36; et tit. II, art. 13 et 30.)

2° Des marchandises tarifées dont le droit serait au moins de 3 francs vues pénétrer en France par les frontières de mer et suivies sans interruption (que l'introduction s'effectue dans ou en dehors des ports de commerce). Loi du 22 août 1791, tit. XIII, art. 35 et 36; et titre II, art. 13.

3° Des marchandises tarifées à moins de 20 francs par 100 kilogrammes vues pénétrer en France par les frontières de terre et suivies sans inter-

pour opérer leurs recherches et la saisie, si le propriétaire ou locataire ne s'y refuse pas. En cas de refus de leur ouvrir les portes ou de les laisser pénétrer dans la maison, ils doivent requérir l'assistance d'un juge ou d'un officier public du lieu. Mais, dans l'un comme dans l'autre cas, ils ne peuvent dresser procès-verbal qu'assistés de l'officier public à moins que celui-ci n'ait refusé de satisfaire à leur réquisition, refus dont il leur suffira alors de faire mention dans leur procès-verbal. (Loi du 22 août 1791, tit. XIII, art. 36; décret du 20 sept. 1809, art. 2). V. n° 203.

Section II. — Saisies à domicile, dans le rayon des frontières de terre, mais sans suite à vue.

201. Si les préposés ont avis qu'une maison située dans le rayon des frontières de terre recèle un *dépôt* frauduleux [1] ils

Saisies à domicile dans le rayon des frontières de terre, mais sans suite à vue.

---

ruption. (Loi du 22 août 1791, tit. XIII, art. 35 et 36; et loi du 5 germinal an II, tit. III, art. 4.)

4° Des marchandises prohibées à l'entrée ou dont la prohibition a été remplacée par des droits postérieurement à la loi du 24 mai 1834 (art. 3 de la loi du 5 juillet 1836); des marchandises prohibées localement, des marchandises taxées à 20 francs et plus par 100 kilogrammes, des marchandises soumises à des taxes intérieures, vues pénétrer par les frontières de terre ou de mer et suivies sans interruption. (Loi du 22 août 1791, tit. XIII, art. 35 et 66; loi du 28 avril 1816, art. 38 et 39; loi du 2 juin 1875.)

[1] Le dépôt est frauduleux, s'il est constitué dans une localité dont la population agglomérée est de moins de 2,000 âmes et en l'absence d'expéditions valables d'extraction et s'il s'agit :

1° De marchandises manufacturées ou dont la sortie est prohibée ou assujettie à des droits (marchandises autres cependant que du cru du pays). (Loi du 22 août 1791, tit. XIII; art. 37 et 38.)

2° De marchandises prohibées à l'entrée ou imposées à 20 francs et plus par 100 kilogrammes ou dont la prohibition a été remplacée par des droits postérieurement à la loi du 24 mai 1834. (Loi du 28 avril 1816, (art. 38, 54, 41 et 42; loi du 5 juillet 1836, art. 3.) Voir n°s 104 et 105 du tableau des infractions.

peuvent y pénétrer assistés d'un officier public et ils procèdent alors, comme il est expliqué ci-dessus (voir n° 200); ces recherches sont, dans tous les cas, interdites *la nuit.* (Loi du 22 août 1791, tit. XIII, art. 39).

Section III. — Des saisies, en deçà du rayon, en cas de poursuites à vue.

Saisies en deçà du rayon en cas de poursuites à vue.

202. Les marchandises de fraude [1] peuvent être saisies à

On peut ajouter à cette énumération, le dépôt, dans les communes au-dessous de 2,000 âmes agglomérées, et dans le rayon de 15 kilomètres des marais salants, côtes maritimes ou rivières affluentes à la mer, de sel en quantités supérieures à 50 kilogrammes et pour lesquelles il n'est pas justifié du payement du droit. (Loi du 17 décembre 1814, art. 32; n° 171 du tableau des infractions.)

[1] Qu'entend-on, au cas particulier, par marchandises de fraude? La question est controversée.

Dans une première opinion appuyée sur les dispositions combinées et littérales des articles 35 et 36, tit. XIII de la loi du 22 août 1791, 38 et 39 de la loi du 28 avril 1816 et la loi du 2 juin 1875, la saisie *en deçà du rayon* n'est légale et possible que lorsque les employés *poursuivent à vue* la fraude qui se commet à l'égard des marchandises *prohibées* (absolument, conditionnellement ou localement), des marchandises taxées à plus de 20 francs par 100 kilogrammes ou qui sont soumises à des taxes intérieures; mais à l'égard de toute autre marchandise, la saisie est illégale.

C'est l'avis de Dalloz. — J. G. — Douanes. — N° 827, page 778. — Trolley (Droit administratif n° 1019) combat cette manière de voir. — Pour lui, toute marchandise tarifée qui entre en France sans payer les droits est une *marchandise de contrebande* ou de fraude. Elle compromet les intérêts du Trésor et du commerce honnête. Elle doit être saisie, si d'ailleurs, on l'a vue pénétrer sur le territoire et si on l'a suivie sans interruption.

L'Administration des douanes n'a fait, dans son tableau des infractions, au point de vue des poursuites à vue, aucune distinction entre les marchandises prohibées, tarifées à plus de 20 francs ou soumises à des taxes intérieures et les autres marchandises. C'est dire qu'à ses yeux, la théorie de Trolley doit prévaloir et qu'elle entend, le cas échéant, la faire consacrer par la jurisprudence.

quelque distance *qu'elles puissent être arrêtées dans l'intérieur;* mais il faut que le procès-verbal établisse que ces marchandises ont été suivies *constamment à vue* par les employés saisissants depuis le rayon des douanes. (Loi du 28 avril 1816, art. 38 et 39; loi du 22 août 1791, tit. XIII, art. 35.)

Section IV. — Des formalités.

203. Lorqu'il y aura lieu de saisir dans une maison, la description des marchandises y sera faite et le procès-verbal y sera rédigé. Les marchandises dont la consommation n'est pas prohibée ne seront pas déplacées pourvu que la partie donne caution solvable de leur valeur. Si la partie ne fournit pas caution, ou s'il s'agit d'objets prohibés, les marchandises seront transportées au plus prochain bureau. (Lois des 22 août 1791, tit. X, art. 4, 9 floréal an VII, tit. IV, art. 7).

Formalités. — Distinction, à ce point de vue, entre les marchandises prohibées et celles non prohibées. — Opposition des prévenus.

En cas d'opposition des parties à ce que le procès-verbal fût fait dans la maison (*ou sur le navire s'il s'agit de saisies faites sur bâtiments de mer pontés* (Voir n° 16), cet acte serait fait dans le bureau le plus prochain. (Loi du 22 août 1791, tit. X, art. 6.)

Cette dernière disposition doit être entendue en ce sens qu'il y a opposition des parties, non seulement lorsque les parties elles-mêmes empêchent les préposés par des voies de fait ou des actes de violence de procéder à leurs opérations, mais encore lorsqu'il résulte des circonstances constatées par le procès-verbal qu'ils ne pouvaient y procéder sans compromettre leur sûreté. (Décr. du 20 septembre 1809, art. 1er.)

204. Les officiers publics dont le concours peut être réclamé en matière de saisies à domicile sont les juges de paix, les maires et, en leur absence, leurs adjoints. En cas d'absence du maire et des adjoints, le maire est remplacé par le conseiller municipal le premier dans l'ordre du tableau [1]. (Lois des 21 mars 1831, art. 5; 5 mai 1855, art. 4; 5 avril 1884, art. 84.)

Désignation des officiers publics dont le concours peut être réclamé.

[1] Les commissaires de police, également officiers publics, peuvent valablement assister les agents, lors d'une saisie à domicile.

Recherches à domicile infructueuses. — Indemnité à allouer au saisi.

205. Dans les cas de visites et recherches à domicile, s'il est constaté qu'il n'y a ni entrepôt, ni motif de saisie, il est payé la somme de 24 francs à celui au domicile de qui les recherches ont été faites, sauf plus grands dommages et intérêts auxquels les circonstances pourraient donner lieu. (Loi du 22 août 1791, tit. XIII, art. 40.)

CHAPITRE II.

DES DÉLITS DE DOUANE COMMIS EN TERRITOIRE MILITAIRE DE L'ALGÉRIE PAR LES MUSULMANS ET INDIGÈNES.

206. La connaissance des délits de douane commis sur le territoire militaire de l'Algérie par les *musulmans et indigènes* est réservée aux conseils de guerre, sans que les jugements rendus par ces derniers puisse donner lieu à un recours autre *qu'au pourvoi en revision*. (Ordonnance du 24 septembre 1842. Bull. des lois, n° 947-10260. Décret du 15 mars 1860, n° 784-7495, partie principale.)

207. Les règles à suivre en vue de l'instruction et du jugement devant les tribunaux militaires (conseils de guerre et de revision) sont déterminées par les lois sur la justice militaire. (Loi du 9 juin 1857. Armée de terre. Bull. des lois, 11e série, n° 4820.)

CHAPITRE III.

DES POURSUITES CONTRE LES COMMUNES RESPONSABLES DE CERTAINS DÉLITS.

Responsabilité civile des communes.

208. Les communes sont civilement responsables des dégâts et dommages résultant des crimes ou délits commis à force ouverte sur leur territoire par des attroupements ou rassemblements

armés ou non armés qui se sont portés au pillage, soit des bureaux de douanes, soit des effets naufragés, ou ont exercé quelques violences tant contre les personnes des employés que contre les propriétés publiques et privées. (Loi du 10 vendémiaire an IV, tit. IV, art. 1er; arr. du 8 nivôse an VI; arr. du 27 thermidor an VII; Arr. du Gouvernement du 4e jour complémentaire de l'an XI, art. 13; Loi sur l'organisation municipale du 5 avril 1884, art. 106, 107, 108 et 109.)

Répartition des dommages-intérêts.

209. Les dommages-intérêts dont la commune est responsable sont répartis entre tous les habitants domiciliés dans ladite commune en vertu d'un rôle spécial comprenant les quatre contributions directes. Si les attroupements ou rassemblements ont été formés d'habitants de plusieurs communes, chacune d'elles est responsable des dégâts et dommages causés, dans la proportion qui sera fixée par les tribunaux. (Loi du 5 avril 1884, art. 106, 107, 108 et 109.)

Exceptions.

210. Ces dispositions ne sont pas applicables :

1° Lorsque les rassemblements ont été formés d'individus étrangers à la commune et que celle-ci peut prouver que toutes les mesures qui étaient en son pouvoir ont été prises à l'effet de prévenir les attroupements ou rassemblements et d'en faire connaître les auteurs ;

2° Dans les communes où la municipalité n'a pas à sa disposition la police locale ni la force armée ;

3° Lorsque les dommages causés sont le résultat d'un fait de guerre. (Arr. du 4e jour complémentaire de l'an XI, art. 15; Loi du 5 avril 1884, art. 106, 107, 108 et 109.)

Recours de la commune.

211. La commune déclarée responsable peut exercer son recours contre les auteurs et complices des désordres. (Loi du 5 avril 1884, art. 106, 107, 108 et 109.)

À la diligence de qui s'exerce l'action ?

212. Lorsqu'une commune a encouru les responsabilité aux termes de la loi, la poursuite de la réparation et des dommages intérêts ne peut être faite qu'à la diligence du préfet du département autorisé par le Gouvernement *devant le tribunal civil* de l'arrondissement dans lequel le délit a été commis. (Arr. du 4e jour complémentaire an XI, art. 16.)

Comment les délits sont constatés.

213. Dans ce cas, le maire et les officiers municipaux sont tenus de faire constater le délit dans les vingt-quatre heures, et d'en adresser procès-verbal *sous trois jours au plus tard* au préfet du département chargé des poursuites. Les officiers de police de sûreté n'en sont pas moins tenus de remplir, à cet égard, les obligations que la loi leur prescrit. (Loi du 10 vendémiaire an IV, tit. V, art. 2.)

Comment et par qui sont fixés les dommages.

214. Les condamnations ou dommages-intérêts sont fixés par le tribunal civil sur le vu des procès-verbaux et autres pièces constatant les voies de fait, excès et délits, et ce, *dans les dix jours au plus tard* qui suivent l'envoi des procès-verbaux. (Loi du 10 vendémiaire an IV, tit. V, art. 4.)

Leur minimum.

215. Ils ne peuvent jamais être moindres que la valeur entière des objets pillés et des choses enlevées. (Loi du 10 vendémiaire an IV, tit. V, art. 6.)

Notification du jugement et exécution.

216. Le jugement est envoyé dans *les vingt-quatre heures* par le ministère public au préfet qui le notifie *sous les trois jours* à la municipalité. Celle-ci est tenue, dans un délai de *dix jours*, de verser à la caisse du département le montant des dommages-intérêts. (Loi du 10 vendémiaire an IV, tit. V, art. 7 et 8.)

CHAPITRE IV.

DE L'EXPERTISE.

Procédure y relative suivant que le service a conçu de simples doutes ou acquis la certitude de la fausseté de la déclaration.

217. Lorsque les préposés des douanes *soupçonneront* qu'il y a fausseté dans les déclarations ou *auront des doutes* sur l'exactitude des déclarations, quant à l'espèce, la qualité, l'origine ou la valeur des marchandises, ils prélèveront des échantillons et les soumettront à l'examen des commissaires-experts institués près du département du commerce.

Lorsqu'au contraire, il sera reconnu que les déclarations sont fausses, procès-verbal sera immédiatement dressé et les marchandises saisies et confisquées. (Lois du 5 août 1810, art. 2; du 27 juillet 1822, art. 19 et du 7 mai 1881, art. 4.)

218. Aux commissaires-experts institués comme il est dit ci-dessus, doivent s'adjoindre pour chaque affaire, et suivant sa nature, au moins deux négociants ou fabricants. (Loi du 27 juillet 1822, art. 19.)

219. Ces deux négociants ou fabricants seront désignés l'un par la douane, l'autre par le déclarant, et choisis sur une liste que dressera, chaque année, la chambre de commerce de Paris. Dans le cas où l'une des parties refuserait de désigner son arbitre, celle désignation sera faite sur la même liste à la requête de l'autre partie par le juge de paix *du canton* dans lequel sera situé le bureau d'importation. Si les deux experts tombent d'accord, le comité d'expertise légale enregistrera leur décision qui sera définitive. En cas de désaccord, le comité d'expertise opérant dans les conditions prescrites par l'article 19 de la loi du 28 juillet 1822, remplira le rôle de tiers arbitre et décidera en dernier ressort. La même procédure sera suivie pour les expertises relatives aux marchandises taxées « ad valorem ». Lorsque la valeur constatée par les experts sera supérieure à la valeur déclarée, on appliquera les pénalités édictées par l'article 21 du titre II de la loi du 22 août 1791 en matière de fausses déclarations quant à l'espèce. (Loi du 7 mai 1881, art. 4) [1]. (Voir la circ. du 8 mai 1881, n° 1497.)

---

[1] Les experts sont seuls compétents pour statuer sur les contestations relatives à l'espèce, la qualité, l'origine et la valeur des marchandises. Leurs décisions sont *définitives* et les tribunaux ne peuvent, dans aucun cas, substituer leurs propres appréciations à celles des experts. (Arrêts de cass. des 30 avril 1838 et 30 janvier 1839.)

CHAPITRE V.

DES SAISIES-ARRÊTS OU OPPOSITIONS ÈS MAINS DES RECEVEURS DES DOUANES.

220. Toutes saisies du produit des droits faites entre les mains des receveurs ou en celles des redevables *envers l'Administration*, sont nulles et de nul effet. Nonobstant les diverses saisies, les redevables seront contraints au payement des sommes par eux dues et les huissiers qui auront fait aucun desdits actes seront interdits de leurs fonctions et condamnés en *mille francs* d'amende sauf aussi les dommages-intérêts de l'Administration contre les huissiers et contre les saisissants. (Loi du 22 août 1791, tit. XII, art. 9.)

Sur des fonds appartenant à des tiers.

221. La saisie-arrêt qui est prohibée autant qu'elle porte sur les deniers du Trésor, peut être utilement formée entre les mains d'un receveur relativement à des créances sur des individus créanciers de l'État, et au profit d'une personne à laquelle des condamnations quelconques ont été adjugées. (Code Proc. civ., art. 561 et 569.)

Formalités. — Titre authentique.

222. Tout créancier peut, en vertu de titres authentiques ou privés saisir arrêter entre les mains d'un tiers les sommes et effets appartenant à son débiteur ou s'opposer à leur remise. (Code de Proc. art. 557.)

A défaut de titre, ordonnance du juge.

223. S'il n'y a pas de titre, le juge du domicile du débiteur et même celui du domicile du tiers saisi, pourront, sur requête, permettre la saisie-arrêt ou opposition. (Cod. Proc. civ., art. 558.)

Noms et qualités de la partie saisie. — Désignation de l'objet.

224. Indépendamment de toutes les formalités communes à tous les exploits, un exploit de saisie-arrêt ou opposition entre les mains des receveurs des douanes doit exprimer clairement les noms et qualités de la partie saisie et contenir en outre, la désignation de l'objet saisi. (Décr. du 18 août 1807, art. 1er.)

225. L'exploit énonce pareillement la somme pour laquelle la saisie-arrêt ou opposition est faite, et il en est fourni copie aux receveurs, caissiers ou administrateurs, avec extrait en forme du titre du saisissant. (Décr. du 18 août 1807, art. 2.)

Indication de la somme. — Copie de l'exploit.

226. A défaut par le saisissant de remplir les formalités prescrites ci-dessus (224 et 225) la saisie-arrêt ou opposition est regardée comme non avenue. (Décr. du 18 août 1807, art. 3.)

Sanction des formalités prescrites.

227. La saisie-arrêt ou opposition n'a d'effet que jusqu'à concurrence de la somme portée par l'exploit. (Décr. du 18 août 1807, art. 4.)

Effets de la saisie.

228. La saisie-arrêt ou opposition formée entre les mains des receveurs des douanes n'est point valable si l'exploit n'est fait à la personne préposée pour le recevoir, et s'il n'est visé par elle sur l'original, ou, en cas de refus, par le procureur de la République près le tribunal de première instance de la résidence, lequel en donne de suite avis aux chefs de l'Administration. (Décret du 18 août 1807, art. 5.)

L'opposition doit être visée.

229. Les receveurs sont tenus de délivrer, sur la demande du saisissant, un certificat qui tient lieu, en ce qui les concerne, de tous autres actes et formalités prescrites à *l'égard des tiers saisis* par le titre VII du livre V du Code de procédure civile.

S'il n'est rien dû au saisi, le certificat l'énonce.

Si la somme due au saisi est liquide, le certificat en déclare le montant.

Si elle n'est pas liquide, le certificat l'exprime. (Décr. du 18 août 1807, art. 6.)

Certificat à délivrer par les receveurs.

230. Dans le cas où il serait survenu des saisies-arrêts ou oppositions sur la même partie et pour le même objet, les receveurs sont tenus, dans les certificats qui leur sont demandés de faire mention des diverses saisies-arrêts ou oppositions et de désigner les noms et élections de domicile des saisissants et les causes desdites saisies-arrêts ou oppositions. (Décr. du 18 août 1807, art. 7.)

Cas où il existe d'autres oppositions.

Cas où il en survient. **231.** S'il survient de nouvelles saisies-arrêts ou oppositions depuis la délivrance d'un certificat, les receveurs, dépositaires ou administrateurs sont tenus, sur la demande qui leur en est faite, d'en fournir un extrait contenant pareillement les noms et élections de domicile des saisissants et les causes desdites saisies-arrêts ou oppositions. (Décr. du 18 août 1807, art. 8.)

Timbre des extraits des oppositions. **232.** C'est au requérant qu'il appartient de fournir le papier timbré nécessaire à la délivrance des extraits desdites oppositions ou significations. (Loi du 19 février 1792, art. 14.) Sont cependant dispensés du timbre, les extraits ou états délivrés sur la demande et dans l'intérêt de l'Administration. (Arr. minist. du 24 octobre 1837, art. 8.)

Entre les mains de qui doivent être faites les oppositions. **233.** Toutes saisies-arrêts ou oppositions sur des sommes dues par l'État, toutes significations de cession ou transport desdites sommes et toutes autres ayant pour objet d'en arrêter le payement doivent être faites entre les mains des payeurs agents ou préposés *sur la caisse desquels les ordonnances ou mandats sont délivrés.* Néanmoins à Paris et pour tous les payements à effectuer à la caisse du payeur central du Trésor public, elles doivent être exclusivement faites entre les mains du conservateur des oppositions au ministère des finances. Sont considérées comme nulles et non avenues toutes oppositions ou significations faites à toutes autres personnes que celles ci-dessus indiquées. (Loi du 9 juillet 1836 art. 13.)

Temps pendant lequel les oppositions sont valables. **234.** Lesdites saisies-arrêts, oppositions et significations n'auront d'effet que pendant cinq années, *à compter de leur date,* si elles n'ont pas été renouvelées dans ledit délai, quels que soient d'ailleurs les actes, traités ou jugements intervenus sur lesdites oppositions et significations. En conséquence, elles seront rayées d'office des registres dans lesquels elles auraient été inscrites et ne seront pas comprises dans les certificats prescrits par l'article 14 de la loi du 19 février 1792 et par les articles 7 et 8 du décret du 18 août 1807. (Loi du 9 juillet 1836, art. 14.)

Cas où les oppositions sont faites à la Caisse des dépôts et consignations et à celles de ses préposés.

235. La disposition de l'article 14 de la loi du 9 juillet 1836 est applicable aux saisies-arrêts, oppositions et autres actes ayant pour objet d'arrêter le payement des sommes versées, à quelque titre que ce soit, à la caisse des dépôts et consignations et à celle des préposés. Toutefois, le délai de *cinq ans* ne partira, pour les oppositions et significations faites ailleurs qu'à la caisse ou à celle de ses préposés, que *du jour du dépôt* des sommes grevées desdites oppositions. Les dispositions du décret du 18 août 1807, sur les saisies-arrêts ou oppositions, sont également déclarées applicables à la Caisse des dépôts et consignations. (Loi du 8 juillet 1837, art. 11.)

Obligation du receveur.

236. Tout receveur, dépositaire ou administrateur de caisses ou de deniers publics, entre les mains duquel il existe une saisie-arrêt ou opposition sur une partie prenante, ne peut vider ses mains sans le consentement des parties intéressées ou sans y être autorisé par justice. (Décr. du 18 août 1807, art. 9 [1].)

CHAPITRE VI.

DE LA RESPONSABILITÉ CIVILE DE L'ADMINISTRATION ET DE LA PROCÉDURE SPÉCIALE Y RELATIVE.

Section 1re. — De la compétence.

Responsabilité de l'Administration.

237. L'Administration est responsable du fait de ses préposés dans l'exercice et pour raison de leurs fonctions *seulement*, sauf

---

[1] Tel est le principe. Mais les receveurs sont autorisés, dans certains cas, et sous certaines conditions, à se libérer des sommes saisies-arrêtées entre leurs mains, en les versant *d'office* à la Caisse des dépôts et consignations. (Ord. du 16 septembre 1837; arr. min. du 21 octobre suivant, circ. des douanes, n° 1676 A. S.; voir également la circulaire n° 1703 A. S. et les instructions de la comptabilité publique. Consulter enfin sur cette importante matière, le *Traité de la législation du Trésor public en matière contentieuse* de M. G. Pallain, nos 60 à 85.)

son recours contre eux et leurs cautions. (Loi du 22 août 1791, tit. XIII, art. 19.)

Compétence. **238.** Les lois des 24 août 1790 et 16 fructidor an III ayant établi la séparation des fonctions judiciaires et des fonctions administratives et leur indépendance réciproque, la responsabilité qui peut incomber à l'État pour la réparation du dommage causé par le fait de ses agents n'est point régie par les principes du droit commun établi dans le Code civil pour les rapports des particuliers entre eux et dont l'application appartient à l'autorité judiciaire. (Arr. du Tribunal des conflits du 31 juillet 1875.)

Autorité administrative. **239.** Il n'appartient *qu'à l'autorité administrative* [1] de déter-

---

[1] Cette disposition est fondée sur ce principe absolu de notre droit public, principe proclamé par les lois des 22 décembre 1789, art. 7; 16 et 24 août 1790, art. 13, tit. II; 7 et 14 octobre 1790; 16 et 20 fructidor an III et enfin les arrêtés des 2 germinal an V et 5 fructidor an IX, à savoir, qu'en raison de l'indépendance réciproque des pouvoirs administratif et judiciaire, il est expressément interdit aux tribunaux de s'immiscer dans la connaissance des actes administratifs et même, en thèse générale, de prononcer sur les demandes tendant à faire déclarer l'État débiteur.

Il ne s'ensuit pas, cependant, que les intéressés ne puissent jamais saisir les tribunaux pour revendiquer leurs droits et obtenir une condamnation contre l'Administration. Mais si une juridiction spéciale est parfois donnée aux tribunaux, par exemple: en matière de droits de douanes (voir n° 61, ci-dessus), cette mission doit être exactement renfermée dans les limites qui lui sont assignées.

En effet, dans l'exercice des droits des particuliers, il faut distinguer entre la faculté qu'ils ont d'obtenir contre l'Administration une condamnation en justice et les actes qui ont pour but de mettre leur titre à exécution. Pour l'obtention du titre, il est hors de doute que toute personne intéressée peut recourir aux tribunaux, *dans tous les cas où un texte formel leur attribue compétence;* mais pour obtenir un payement forcé, pour obtenir l'exécution du titre, le créancier de l'État ne peut jamais s'adresser qu'à l'Administration elle-même, l'incompétence des tribunaux judiciaires étant, à cet égard, absolue.

miner en quelle qualité les préposés ont agi, de vérifier et d'apprécier les instructions qui leur ont été données et jusqu'à quel point ils s'en seraient écartés. (Voir la circulaire du 28 août 1875, n° 1287.)

L'abrogation par le décret du 19 septembre 1870, de l'article 75 de la constitution de l'an VIII, aux termes duquel les agents du Gouvernement autres que les ministres ne pouvaient être poursuivis pour des faits relatifs à leurs fonctions qu'en vertu d'une décision du Conseil d'État, n'a pas rendu les tribunaux juges de la validité des actes accomplis par un service public dans le cercle de ses attributions légales. Les tribunaux doivent renvoyer à l'autorité administrative la question préjudicielle des actes administratifs. (Arrêt du tribunal des conflits du 30 juillet 1873.)

Section II. — Tribunaux administratifs et de la procédure devant ces tribunaux.

210. Chaque ministre a la qualité de *juge ordinaire* de tout le contentieux administratif de son département. (Loi des 27 avril, 25 mai 1791; Constitution de l'an VIII, article 252 [1].) Juges ordinaires.

Cette distinction est fondée sur ce que, d'une part, les ordonnateurs ou payeurs des dépenses de l'État ne peuvent faire aucunes dépenses sans y être autorisés; de l'autre, que l'État n'a que la disposition des fonds qui lui sont attribués par le budget et qui ont tous une destination dont l'ordre ne peut être interverti. (Tribunal des conflits, arr. du 31 juillet 1873. Jugement du tribunal civil de Marseille du 31 août 1878 Doc. lith. n° 252. *Traité de la législation du Trésor public*, p. 88 n° 35, voir également sur cette grave question de compétence le *Cours de droit administratif*, de M. Ducrocq, t. II, n° 34 et suivants.)

[1] Ce principe, conforme à la jurisprudence du Conseil d'État, n'est pas universellement admis par la doctrine des auteurs. Mais la controverse porte sur des points absolument étrangers au contentieux administratif des douanes.

Récépissé.

211. Les ministres font délivrer aux parties intéressées qui le demandent *un récépissé* constatant la date de la réception et de l'enregistrement au ministère de leur réclamation.

Formes constitutives de la décision.

212. Ils statuent par des décisions *spéciales* sur des affaires qui peuvent être l'objet d'un recours par la voie contentieuse. Ces décisions sont notifiées administrativement aux parties intéressées.

Délai.

213. Lorsque les ministres statuent sur des recours contre les décisions d'autorités qui leur sont subordonnées, leur décision doit intervenir dans le délai de *quatre mois* à dater de la réception de la réclamation au ministère. Si les pièces sont produites ultérieurement par le réclamant, le délai ne court qu'à dater de la réception de ces pièces. Après l'expiration de ce délai, s'il n'est intervenu aucune décision, les parties peuvent considérer leur réclamation comme *rejetée* et se pourvoir devant le Conseil d'État.

Voies de recours contre les décisions des ministres.

214. Les voies de recours contre les décisions contentieuses des ministres sont :

1° Opposition quand la décision a été rendue par défaut;

2° La tierce opposition ouverte aux tiers qui n'ont pas été portés au jugement ministériel et aux droits desquels cette décision pourrait préjudicier[1];

3° L'appel devant le Conseil d'État, *pour simple mal jugé*, ouvert contre tous les arrêtés *contentieux* des ministres, sans aucune distinction ni exception[2];

---

[1] Ces deux voies de recours sont des voies de rétractation; elles sont portées *directement* devant le ministre même qui a rendu la décision et sont recevables *jusqu'à l'exécution*.

[2] La raison en est que les ministres ne statuent jamais en dernier ressort et que, par suite, leurs décisions ne sont pas susceptibles d'être attaquées par *la requête civile*, qui n'est possible que *contre la chose souverainement jugée*. Ce recours constitue *une voie de réformation* permettant au Conseil d'État de statuer comme tribunal d'appel, et, par suite, de substituer sa propre décision à celle du ministre.

4° L'appel au Conseil d'État pour incompétence ou excès de pouvoir, ouvert contre tous les arrêtés ministériels en général (administratifs ou contentieux) [1].

215. L'appel doit, en général, être formé dans les *trois mois*, à partir de la notification à personne ou à domicile de la décision attaquée. (Déc. du 2 novembre 1864) [2].

216. Les décisions des ministres en matière contentieuse ont tous les effets qui s'attachent aux jugements rendus par les tribunaux ordinaires. Elles sont *exécutoires* par elles-mêmes, sans avoir besoin d'être revêtues de la formule exécutoire, sur la simple délivrance, *par le ministre des finances* auquel elles sont transmises par ses collègues des autres départements ministériels, d'une *contrainte* emportant hypothèque sur tous les biens présents et à venir de la partie condamnée. (Avis du Conseil d'État, du 16 thermidor an XII.) Des délais d'appel.

217. Des conclusions formelles doivent donc, le cas échéant, soutenir l'incompétence des tribunaux judiciaires. Si ces conclusions sont admises, le demandeur est renvoyé à se pourvoir devant qui de droit. S'il y est passé outre, il y a lieu d'interjeter appel et même, *en principe*, d'élever le conflit. Le directeur des douanes en réfère alors *d'urgence* à l'Administration qui prend, si l'affaire le comporte, les dispositions nécessaires en vue de faire rendre l'arrêté de conflit par l'autorité préfectorale. Conclusions d'incompétence.

218. Le droit d'élever le conflit appartient *exclusivement* au préfet du département où est situé le tribunal saisi en 1re instance, Conflit.

---

(1) Le Conseil d'État fait, alors, office de *tribunal de cassation* et ne peut que confirmer ou annuler la décision.

(2) Les règles concernant les formes du pourvoi et la procédure à suivre *au contentieux* devant le Conseil d'État sont tracées par les décrets des 22 juillet 1806 et 2 novembre 1864, complétés par la loi du 24 mai 1872 (art. 15 à 24) et par le décret du 2 août 1879 (art. 19 à 26).

lors même que la cause est en appel, sauf le cas où l'affaire est, après cassation, renvoyée devant un autre tribunal, cas auquel le préfet compétent est celui dans le ressort duquel est situé le tribunal de renvoi. (Ordonn. du 1er juin 1828, complétée et modifiée par l'ordonn. du 22 mars 1831.)

Devant quelles juridictions peut être élevé le conflit.

219. Les seules juridictions devant lesquelles le conflit peut être élevé sont :

1° Les tribunaux d'arrondissement ;

2° Les cours d'appel;

3° Le président du tribunal civil statuant en référé. (Ordonn. du 1er juin 1828, complétée et modifiée par l'ordonn. du 22 mars 1831.) (Voir ces ordonnances, pour les règles, formalités et délais à observer en ce qui touche le conflit d'attributions.) (Voir également la circulaire 1287 N[elle] S[ie].)

CHAPITRE V I.

DE L'EXTINCTION DES DROITS DE POURSUITE ET DE RÉPRESSION EN MATIÈRE DE DOUANES.

Section 1re. — De l'extinction des droits d'action publique et d'action civile.

§ 1er. *De l'extinction de l'action publique.*

1°. MORT DU PRÉVENU OU ACCUSÉ.

Mort du prévenu ou accusé.

230. L'action publique, *pour l'application de la peine*, s'éteint par la mort du prévenu ou accusé [1]. (Code d'Instr. crim., art. 2.)

---

[1] Par conséquent, l'action publique continue d'exister contre les codélinquants et leurs complices.

2° REMISE OU ABANDON.

231. L'extinction de l'action publique réside également dans la remise ou renonciation qui en est faite et qui peut résulter : Renonciation amiable. — Transaction.

D'une *amnistie accordée par la loi* (loi du 17 juin 1871);

D'une transaction[1] que l'Administration est autorisée à faire souscrire *avant jugement définitif* sur les procès relatifs aux infractions aux lois de douanes[2] (arrêté du 14 fructidor an x préambule et art. 1er).

3° PRESCRIPTION.

232. L'action publique s'éteint enfin par la *prescription* (art. 2 du Code d'Instr. crim.) Les règles et les conditions de cette prescription sont déterminées par les articles 637, 638 et 640 du Code d'Instruction criminelle. Prescription.

§ 2. De l'extinction de l'action civile.

1° DÉCÈS DU PRÉVENU.

233. Le décès du prévenu ne laisse pas de prise à la poursuite pour l'application de la peine (voir 250), mais son patrimoine répond des dommages-intérêts qu'il peut devoir. Si la peine est personnelle, l'obligation de réparer le dommage passe aux héritiers Décès du prévenu.

---

[1] La transaction en matière de douanes est considérée généralement par la doctrine des auteurs, non comme un contrat civil, mais comme une convention « sui generis » impliquant plutôt remise, abandon, renonciation, désistement de la part de l'administration. Il suit de là que toutes difficultés relatives à l'exécution des transactions (transactions proprement dites et soumissions contentieuses) doivent être portées non devant le tribunal civil, mais devant le *juge de paix*, juridiction ordinaire en matières de douanes. La question cependant est controversée.

[2] Pour transiger il faut avoir la capacité de disposer des objets compris dans la transaction. (code civil art. 2045). Il en résulte qu'en principe, un mineur ne peut transiger qu'assisté de son tuteur (qui peut se porter fort pour son pupille, art. 1120 C.C.) une femme mariée qu'avec l'assentiment de son mari et dans les formes prescrites par la loi.

du prévenu ou accusé (Code d'Instr. crim., art. 2); elle a pour gage les biens du débiteur [1] (Code Civil, art. 2092).

2° REMISE OU RENONCIATION.

Remise ou renonciation. **234.** Les faits qui entraînent l'abandon ou la remise de l'action publique exercent nécessairement leur influence sur l'exercice de l'*action civile*, notamment la *transaction* qu'en vertu de l'arrêté du 14 fructidor an X, l'Administration des douanes est autorisée à faire souscrire *avant jugement définitif.*

PRESCRIPTION.

Prescription. **235.** De même, en ce qui concerne la prescription, l'action civile suit le sort de l'action publique, sans distinguer si elle est portée devant le tribunal de répression ou *séparément* devant le tribunal civil; (Art. 3 Code Instr. crim.) Les règles et les conditions de cette prescription sont déterminées également par les articles 637, 638 et 640 du Code d'Instruction criminelle.

Section II. — DE L'EXTINCTION DES PEINES ET DES CONDAMNATIONS CIVILES.

§ 1er. *Mort du condamné.*

Décès du condamné. **236.** La mort du condamné ne permet plus d'exécuter les peines corporelles; mais, quant aux peines privatives de droits relatifs aux biens, c'est-à-dire de la *confiscation* et l'*amende*, la mort du condamné n'est pas un obstacle à l'exécution, qui peut être poursuivie contre les héritiers.

---

(1) Telle est la règle formelle posée par le droit pénal.

Cependant, la jurisprudence, bien qu'ayant consacré, par de nombreux arrêts, le principe suivant lequel l'amende est en matière de douanes une *réparation civile* et non une peine, a conservé ici à cette amende, ce dernier caractère, et conséquemment n'a pas voulu qu'elle pût être, après le décès du délinquant, poursuivie et prononcée contre les héritiers de celui-ci. (Voir notamment cass. 28 pluviôse an XIII; 9 décembre 1813. Dalloz, J. G. Douane, n° 865; 23 mars 1835; bull. off. ch. crim. Bull. n° 102.)

§ 2. *Remise ou abandon.*

237. La remise des condamnations prononcées peut résulter : Remise ou abandon.

D'une *amnistie* accordée par la loi (Loi du 17 juin 1871.); (L'amnistie, en principe, met à néant la sentence intervenue et en fait tomber tous les effets, *quels qu'ils soient*, en s'étendant même jusqu'au délit qui est réputé n'avoir jamais existé.)

De la *grâce* accordée, soit en totalité, soit en partie par le Chef de l'État;

D'une *transaction* que l'Administration des douanes est autorisée à faire souscrire *après jugement*, sur les procès relatifs aux contraventions aux lois qui régissent cette partie du revenu public. (Arrêté du 14 fructidor an x, art. 1er [1]).

§ 3. *De la prescription.*

1° DES PEINES.

238. Les peines portées par les jugements et arrêts se prescrivent par le laps de temps et dans les conditions déterminés par les articles 635, 636, 639 et 641 du Code d'Instruction criminelle. Prescription des peines.

---

[1] A cet égard, la question se pose de savoir si l'Administration peut faire remise, *après jugement passé en force de chose jugée*, non seulement des peines pécuniaires, mais *encore des peines corporelles*, qui, en thèse générale, ne peuvent être modérées ou remises que par le Chef de l'État.

La question est controversée.

Dans une première opinion, on considère que l'Administration des douanes ayant reçu, sans aucune restriction, de l'arrêté du 14 fructidor an x, le pouvoir de transiger *après jugement*, représente l'État lui-même, et que, dès lors, toute transaction, à l'occasion de faits de fraude ou de contrebande, doit s'appliquer aussi bien aux peines corporelles qu'aux peines pécuniaires. C'est l'avis de Dalloz. J.G. Douanes. N° 1013 p. 852 et de Trolley. Droit administratif n° 1060.

D'après une seconde opinion, c'est au Chef de l'État *seul* qu'appartient, après jugement *définitif*, le droit de remettre ou de modérer les peines corporelles infligées aux délinquants.

C'est à cette dernière opinion, plus conforme aux principes du droit criminel et particulièrement du droit de grâce que l'Administration s'est ralliée.

2° DES CONDAMNATIONS CIVILES.

Prescription des condamnations civiles.

259. Les condamnations civiles portées par les arrêts ou par les jugements rendus en matière de douane se prescrivent d'après les règles établies par le Code civil (Art. 642 du Code d'Instr. crim.) (Code civil, art. 2262.)

Section III. — De l'extinction des droits particuliers de l'administration.

Prescription des droits dus au Trésor.

260. L'Administration est non recevable à former en justice aucune demande en payements de droits, *un an* après que lesdits droits auraient dû être payés. (Loi du 22 août 1791, tit. XIII, art. 25).

Section IV. — De l'extinction des droits des redevables.

Prescription des demandes en remboursements de droits, payement de loyers, etc.

261. Aucune personne ne sera recevable à former, contre la régie des douanes, de demandes en restitution de droits et de marchandises, payement de loyers et appointements de préposés, *deux ans* après l'époque que les réclamateurs donneraient au payement des droits, dépôt des marchandises, échéances des loyers et appointements. (Loi du 22 août 1791, tit. XIII, art. 25.)

Libération de la garde des registres.

262. La régie sera déchargée envers les redevables, *trois ans* après chaque année expirée, de la garde des registres de recette et autres de ladite année, sans pouvoir être tenue de les représenter, s'il y avait des instances encore subsistantes pour les instructions et jugements desquels lesdits registres et pièces fussent nécessaires. (Loi du 22 août 1791, titre XIII, art. 25.)

Interruption de la prescription.

263. Lesdites prescriptions (annale, biennale et triennale) n'ont pas lieu quand il y a eu, avant lesdits termes, contrainte décernée et signifiée, demande formée en justice, condamnation, promesse, convention ou obligation particulière et spéciale relativement à l'objet qui serait répété. (Loi du 22 août 1791, tit. XIII, art. 25.)

TABLEAU [1]

des droits d'enregistrement dus pour les différents actes de procédure relatifs aux affaires contentieuses de douanes [2]

---

(1) Ce tableau, établi après entente avec l'Administration centrale de l'enregistrement, des domaines et du timbre, a été approuvé par décision du directeur général de cette Administration, en date du 6 décembre 1887.

(2) Les questions de pluralité ont été écartées à dessein, en raison de l'impossibilité où l'on se trouve de les prévoir toutes et, par suite, de déterminer avec une rigoureuse exactitude les droits d'enregistrement qui s'y rapportent.

Tableau des droits d'enregistrement applicables aux actes de procédure en matière de douanes.

DÉSIGNATION DES ACTES.	TITRES DE PERCEPTION.	DÉLAIS pour l'enregistrement.	DROIT principal.	DOUBLE décime et demi.	TOTAL.
			fr. c.	fr. c.	fr. c.
Acquiescement à un jugement ou à un arrêt de condamnation : sous seing privé	Loi du 22 frimaire an VII, art. 68 § 1er n° 4 ; loi du 28 avril 1816, art. 43 n° 1, et loi du 28 février 1872, art. 4.	Sans délai.	3 00	0 75	3 75
Acquiescement à un jugement ou à un arrêt de condamnation : par acte extra-judiciaire (signification) (note 10)	Loi du 22 frimaire an VII, art. 68 § 1er n° 30, et loi du 19 février 1874, art. 2.	4 jours	1 50	0 38	1 88
Actes : conservatoire (acte de retenue des marchandises et de prélèvement d'échantillons en vue de l'expertise légale).	Loi du 22 frimaire an VII, art. 68 § 1er n° 51, et loi du 19 février 1874, art. 2.	*Idem*	3 00	0 75	3 75
Actes : de remise sous caution d'objets saisis	Décision ministérielle du 30 juin 1859.	20 jours	(1) 3 00	0 75	3 75
Actes : synallagmatique de mise en fourrière	Loi du 22 frimaire an VII, art. 68 § 1er n° 51 ; loi du 18 mai 1850, art. 8, et loi du 28 février 1872, art. 4.	Sans délai.	3 00	0 75	3 75
Actes : sous seing privé d'abandon de marchandises déposées en douane	Loi du 22 frimaire an VII, art. 68 § 1er n° 51 ; loi du 18 mai 1850, art. 8, et loi du 28 février 1872, art. 4.	*Idem*	3 00	0 75	3 75
Actes : de ventes. (Voir ci-après : Ventes.).					
Affirmation des procès-verbaux	Loi du 22 frimaire an VII, art. 70 § 3 n° 12.	....	Exempt.	....	Exempt.
Appel (Note 10.) : Signification d'appel d'un jugement du tribunal *de paix*	Loi du 22 frimaire an VII, art. 68 § 1er n° 30, et loi du 19 février 1874, art. 2.	4 jours	1 50	0 38	1 88
Appel : Déclaration et signification d'appel d'un jugement *correctionnel* : par l'appelant, s'il est en liberté, ou par l'Administration.	Loi du 22 frimaire an VII, art. 68 § 1er n° 30, et loi du 19 février 1874, art. 2.	20 jours	1 50	0 38	1 88
Appel : Déclaration et signification d'appel d'un jugement *correctionnel* : si l'appelant est emprisonné	Loi du 22 frimaire an VII, art. 68 § 1er n° 48, et loi du 25 mars 1817, art. 74.	*Idem*	En débet	....	En débet
Appel : Déclaration et signification d'appel d'un jugement *correctionnel* : par le ministère public seul	*Idem*	*Idem*	*Idem*	....	*Idem*.
Arrêts : *Cour d'appel* (chambre correctionnelle), *tous arrêts*	Loi du 22 frimaire an VII, art. 68 § 1er n° 48, et loi du 28 avril 1816, art. 39.	*Idem*	1 50	0 38	1 88
Arrêts : *Cour de cassation* (Section civile correctionnelle ou criminelle) : Arrêts *préparatoires* ou *interlocutoires*	Loi du 28 avril 1816, art. 46 n° 3, et loi du 28 février 1872, art. 4.	*Idem*	15 00	3 75	18 75
Arrêts : *Cour de cassation* (Section civile correctionnelle ou criminelle) : Arrêts *définitifs*	Loi du 28 avril 1816, art. 47 n° 3, et loi du 28 février 1872, art. 4.	*Idem*	37 50	9 38	46 88

(1) Deux droits de 1 fr. 50. Instruction de l'administration de l'enregistrement n° 1135, § 2 pour le tarif.

TABLEAU *des droits d'enregistrement applicables aux actes de procédure en matière de douanes.*

DÉSIGNATION DES ACTES.	TITRES DE PERCEPTION.	DÉLAIS pour L'ENREGISTREMENT.	DROIT PRINCIPAL.	DOUBLE DÉCIME et demi.	TOTAL.
			fr. c.	fr. c.	fr. c.
Cassation. (Voir : *Arrêts*, *déclaration* de pourvoi, *signification*)					
Cautionnement inséré dans le procès-verbal. (Voir *ce mot*.)					
Cautionnement inséré dans la transaction. (Voir *Transaction*.)					
Cautionnement sous seing privé et séparé des deux actes précédents	Loi du 22 frimaire an VII, art. 68 § 1er n° 51; loi du 28 mai 1850, art. 8, et loi du 28 février 1872, art. 4.	Sans délai	3 00	0 75	3 75
Certificat destiné à tenir lieu de procès-verbal et constatant la réalisation volontaire d'un multiple de droit.	Loi du 28 avril 1816, art. 43 n° 16, et loi du 19 février 1874, art. 2.	4 jours	3 00	0 75	3 75
Citations (Note 10.) — Justice de paix. — Donnée par le procès-verbal	Loi du 9 floréal an VII, art. 6	....	Exempt.	....	Exempt.
Citations — Justice de paix. — Donnée séparément	*Idem*	4 jours	1 50	0 38	1 88
Citations — Tribunal correctionnel (donnée *par le rapport* (2) ou séparément)	*Idem*	*Idem*	1 50	0 38	1 88
Citations — Cour d'appel (chambre correctionnelle.)	*Idem*	*Idem*	1 50	0 38	1 88
Contrainte (*Signification* (1) des) pour recouvrement de droits, non-rapport d'acquits, etc. — Au-dessous de 100 francs	Loi du 16 juin 1824, art. 26	*Idem*	Gratis.	....	Gratis.
Contrainte — Au-dessus de 100 francs (3)	Loi du 22 frimaire an VII, art. 68 § 1er n° 30; loi du 19 février 1874, art. 2.	*Idem*	1 50	0 38	1 88
Commandement judiciaire. (Note 10.)	Loi du 22 frimaire an VII, art. 68 § 1er n° 30, et loi du 19 février 1874, art. 2.	*Idem*	1 50	0 38	1 88
Déclaration de pourvoi en cassation. (1er acte). — Matière civile. (Droit de greffe non compris.)	Loi du 28 avril 1816, n° 47, et loi du 28 février 1872, art. 4.	20 jours	37 50	9 38	46 88
Déclaration de pourvoi — Matière correctionnelle ou criminelle. — Par le déclarant, s'il est en liberté, ou par l'Administration.	Loi du 28 avril 1816, art. 47, et loi du 28 février 1872, art. 4.	*Idem*	37 50	9 38	40 88
Déclaration de pourvoi — Matière correctionnelle ou criminelle. — par le déclarant, s'il est emprisonné	*Idem*	*Idem*	En débet	....	En débet
Déclaration de pourvoi — Matière correctionnelle ou criminelle. — par le ministère public seul	Mêmes articles, et loi du 25 mars 1817, art. 74.	*Idem*	*Idem*	....	*Idem.*
Désistement pur et simple, *sous seing privé*	Loi du 22 frimaire an VII, art. 68 § 1er n° 18; loi du 28 avril 1816, art. 43 n° 12, et loi du 28 février 1872, art. 4.	Pas de délai.	3 00	0 75	3 75

(1) Décision de l'Enregistrement du 8 décembre 1851.

(2) La contrainte par elle-même est exempte de l'enregistrement; c'est la *signification* de la contrainte qui seule s'y trouve assujettie.

(3) L'enregistrement gratis au-dessous de 100 francs n'est pas spécial à la contrainte, il est commun à tous les actes *extrajudiciaires*, et généralement, à tous « actes tant en action qu'en *défense*. »

Tableau des droits d'enregistrement applicables aux actes de procédure en matière de douanes.

DÉSIGNATION DES ACTES.	TITRES DE PERCEPTION.	DÉLAIS pour l'enregistrement.	DROIT PRINCIPAL.	DOUBLE DROIT et demi.	TOTAL.
			fr. c.	fr. c.	fr. c.
Écrou..... (Note 10.) — *Acte* d'écrou, contenant commandement au débiteur et signification au geôlier.	Loi du 22 frimaire an VII, art. 22 et 68, § 1er n° 30, et loi du 19 février 1874, art. 2.	4 jours....	(1) 3 00	0 75	3 75
Écrou — *Recommandation* sur écrou, contenant les mêmes notifications.....	*Idem*..........................	*Idem*......	(1) 3 00	0 75	3 75
Extraits des registres contenant les soumissions des redevables de droits de douanes, en vue de l'hypothèque légale sur les immeubles des dits redevables. (Loi du 22 août 1791, T. VIII, art. 25.)	Loi du 22 frimaire an VII, art. 20; loi du 22 frimaire an VII, art. 68 § 1er n° 51; loi du 18 mai 1850, art. 8, et loi du 28 février 1872, art. 4.	Sans délai..	3 00	0 75	3 75
Inventaires des marchandises abandonnées en douane.........................	Loi du 22 février an VII, art. 68 § 2 n° 1, et loi du 28 février 1872, art. 4.	20 jours....	(2) 3 75	»	»
Inscription de faux par acte au greffe. (Droit de greffe non compris.	Loi du 28 avril 1816, art. 44, n° 10, et loi du 28 février 1872, art. 4.	*Idem*......	4 50	1 13	5 63
Jugements — préparatoires ou interlocutoires — Justice de paix.............	Loi du 22 frimaire an VII, art. 68 § 1er n° 46, et loi du 28 février 1872, art. 4.	*Idem*......	1 50	0 38	1 88
Jugements — préparatoires ou interlocutoires — Tribunal civil (sur appel)....	Loi du 28 avril 1816, art. 44 n° 10, et loi du 28 février 1872, art. 4.	*Idem*......	4 50	1 13	5 63
Jugements — préparatoires ou interlocutoires — Tribunal correctionnel.......	Loi du 22 frimaire an VII, art. 68 § 1er n° 48, et loi du 28 février 1872, art. 4.	*Idem*......	1 50	0 38	1 88
Jugements — préparatoires ou interlocutoires — Ministère public...........	Mêmes articles et loi du 25 mars 1817.	*Idem*......	En débet	»	En débet
Jugements — définitifs — prononçant des amendes, multiples de droits et confiscations — Justice de paix............	Loi du 22 frimaire an VII, art. 68 § 2 n° 5, et loi du 28 février 1872, art. 4.	*Idem*......	3 00	0 75	3 75
Jugements — définitifs — prononçant des amendes, multiples de droits et confiscations — Tribunal civil (sur appel)....	Loi du 28 avril 1816, art. 45 n° 5, et loi du 28 février 1872, art. 4.	*Idem*......	7 50	1 88	9 38
Jugements — définitifs — prononçant des amendes, multiples de droits et confiscations — Tribunal correctionnel.......	Loi du 22 frimaire an VII, art. 68 § 1er n° 48, et loi du 28 février 1872, art. 4.	*Idem*......	1 50	0 38	1 88
Jugements — définitifs — prononçant des amendes, multiples de droits et confiscations — Ministère public............	Mêmes articles, et loi du 25 mars 1817, art. 74.	*Idem*......	En débet	»	En débet
Jugements — définitifs — portant condamnation de *sommes* autres que les amendes et multiples de droits.	Loi du 22 frimaire an VII, art. 69 § 2 n° 9.	*Idem*......	(3) 0 50 0/0	0 125	0625 0/0
Opposition. (Note 10.) — à un jugement du tribunal de paix..........................	Loi du 22 frimaire an VII, art. 68 § 1er n° 30; loi du 16 juin 1824, art. 6; loi du 19 février 1874, art. 2.	4 jours....	1 50	0 38	1 88
Opposition — à un jugement du tribunal civil (sur appel)......................		*Idem*......	1 50	0 38	1 88
Opposition — à un jugement du tribunal correctionnel....................		*Idem*......	1 50	0 38	1 88
Opposition — à un arrêt de la Cour d'appel..........................		*Idem*......	1 50	0 38	1 88

(1) *Deux droits de 1 fr. 50.*

(2) *Par vacation du juge de paix.*

(3) Avec minimum des droits fixes ci-dessus, suivant les juridictions. (1 fr. 50 et 7 fr. 50.)

Tableau des droits d'enregistrement applicables aux actes de procédure en matière de douanes.

DÉSIGNATION DES ACTES.		TITRES DE PERCEPTION.	DÉLAIS pour l'enregistrement.	DROIT principal.	DOUBLE décime et demi.	TOTAL.
				fr. c.	fr. c.	fr. c.
Ordonnance du juge de paix ou d'instruction, sur requête pour être autorisé à vendre par anticipation.		Loi du 22 frimaire an VII, art. 68 § 1er nos 46 et 48, et loi du 28 février 1872, art. 4.	10 jours....	1 50	0 38	1 88
Ordonnance du juge de paix sur requête à fin d'expertise légale..............		Loi du 22 frimaire an VII, art. 68 § 1er n° 46, et loi du 28 février 1872, art. 4.	*Idem*......	1 50	0 38	1 88
Ordonnance sur requête, autorisant la vente de marchandises abandonnées en douane.		Loi du 22 août 1791, T. IX, art. 6.	*Idem*......	Gratis..	"	Gratis.
Procès-verbaux	de saisies à la requête du ministère public (marques de fabrique, phylloxera, etc.)	Loi du 28 avril 1816, art. 43 n° 16; loi du 19 février 1874, art. 2, et loi du 25 mars 1817, art. 74.	4 jours....	En débet	"	En débet
	de contraventions, saisies, opposition, injures..... S'il existe un bureau d'enregistrement dans la commune du dépôt de la marchandise, ou dans celle où siège le tribunal..................	*Idem*........................	*Idem*......	3 00	0 75	3 75
	S'il n'en existe pas........................	Loi du 9 floréal an VII, art. 9, T. IV,	....	(1) Exem.	"	Exempt.
	de *saisies*, portant offre de *main levée sous caution*. acceptée..............................	Loi du 28 avril 1816, art. 43 n° 16, et loi du 22 frimaire an VII, art. 68 § 1er.	4 jours....	(2) 4 50	1 13	5 63
	refusée..............................	Loi du 22 frimaire an VII, art. 22, et loi du 28 avril 1816, art. 43 n° 16.	*Idem*......	3 00	0 75	3 75
	de destruction de marchandises avariées......................	Loi du 28 avril 1816, art. 43 n° 16.	*Idem*......	3 00	0 75	3 75
	de ventes. (Voir ce mot.)					
	de constats relatifs aux fraudes de douanes par la voie de la poste. (Voir : Tableau annexe, pièces non sujettes au timbre.)					
Requête pour être autorisé à vendre des marchandises......................		....	....	(3) Exem.	"	Exempt.
Significations (Note 10.)	d'un jugement du tribunal de paix........................	Loi du 22 frimaire an VII, art. 68 § 1er n° 30; loi du 16 juin 1824, art. 6; loi du 19 février 1874, art. 2.	4 jours....	1 50	0 38	1 88
	d'un jugement du tribunal de première instance............. Chambre civile (sur appel)...		*Idem*......	1 50	0 38	1 88
	Chambre correctionnelle.....		*Idem*......	1 50	0 38	1 88
	d'un arrêt en matière correctionnelle........................		*Idem*......	1 50	0 38	1 88
	d'un arrêt de la cour de cassation........................		*Idem*......	1 50	0 38	1 88
	des contraintes...................................		*Idem*......	1 50	0 38	1 88
	des ordonnances du juge de paix (portant autorisation de vendre et sur requête à fin d'expertise)........................		*Idem*......	1 50	0 38	1 88

(1) Mais dans ce cas le procès-verbal doit être visé par le juge de paix ou le maire dans les délais de l'art. 9 de la loi du 9 floréal an VII.

(2) Deux droits, l'un de 3 fr., l'autre de 1 fr. 50.

(3) Sont sujettes à l'enregistrement, non pas les requêtes elles-mêmes, mais seulement les Ordonnances dont ces requêtes sont suivies. (Voir le mot : Ordonnances.)

Tableau des droits d'enregistrement applicables aux actes de procédure en matière de douanes.

DÉSIGNATION DES ACTES.	TITRES DE PERCEPTION.	DÉLAIS pour l'enregistrement.	DROIT principal.	DOUBLE décime et demi.	TOTAL.
			fr. c.	fr. c.	fr. c.
Sommation à fin de réexportation d'entrepôt (sans payement de droits). (Voir note 10.)	Loi du 28 février 1816, art. 13, n° 13; loi du 19 février 1874, art. 2.	....	3 00	0 75	3 75
Soumission, sous seing privé, de s'en rapporter à la décision de l'Administration... avec cautionnement	Loi du 22 frimaire an VII, art. 68, § 1er n° 51, loi du 28 février 1872, art. 4 et loi du 22 frimaire an VII, art. 11.	Pas de délai.	(1) 3 00	0 75	3 75
Soumission, sous seing privé, de s'en rapporter à la décision de l'Administration... sans cautionnement	Mêmes articles	*Idem*	1 50	0 38	1 88
Soumission, sous seing privé, pour l'enlèvement des marchandises avant payement des droits. avec cautionnement	*Idem*	Sans délai..	(2) 3 00	0 75	3 75
Soumission, sous seing privé, pour l'enlèvement des marchandises avant payement des droits. sans cautionnement	*Idem*	*Idem*	1 50	0 38	1 88
Soumissions des redevables de droits de douanes en vue de l'hypothèque légale sur les immeubles de ces redevables. (Voir : Extraits de soumission ci-dessus.)					
Transactions (4) avant jugement — avec cautionnement et portant abandon d'objets *susceptibles de confiscation.*	Décision ministérielle des 6 avril 1833 et 16 septembre 1850. Décision du 1er avril 1839	20 jours...	(3) 3 00	0 75	3 75
Transactions (4) avant jugement — sans cautionnement et portant ledit abandon....	*Idem*	*Idem*	1 50	0 38	1 88
Transactions (4) avant jugement — avec ou sans caution, lorsqu'il n'y a pas clause *d'abandon en nature*, ou quand l'objet abandonné n'est pas destiné à être exposé aux enchères publiques.	Circulaire des douanes du 11 octobre 1841, n° 1882.	Pas d'enregistrement.	»	»	»
Transactions (4) après jugement définitif ou non. — avec cautionnement et portant acquiescement au jugement de confiscation.	*Idem*	*Idem*	»	»	»
Transactions (4) après jugement définitif ou non. — *sans* cautionnement et portant ledit acquiescement au jugement de confiscation.	*Idem*	*Idem*	»	»	»
Transactions (4) après jugement non *signifié, en matière de saisie de sel*, lorsqu'il s'agit de se réserver la faculté d'établir ultérieurement la *récidive* contre le contrevenant.	*Idem*	20 jours...	(5) 3 00 1 50	0 75 0 38	3 75 1 88
Vacations. (Voir : Inventaires).					
Vente... de marchandises avariées et de débris de navires naufragés......	Loi du 28 février 1872, art. 1er et 2.	4 jours....	droit gradué de 1 f. p. 0/00	0 25 0/00	(6) 1 25 0/00
Vente... d'autres marchandises et meubles quand il ne s'agit pas de ventes faites pour le recouvrement de sommes dues à l'État.	Loi du 22 frimaire an VII, art. 69, § 5 n° 1.	*Idem*	2 00 0/0	0 50 0/0	2 50 0/0 (7)

(1) Deux droits de 1 fr. 50.
(2) Deux droits de 1 fr. 50.
(3) Deux droits de 1 fr. 50.
(4) Dispositions approuvées provisoirement par l'Administration compétente en présence des instructions n°s 1328, 1613, § 5, 2113, § 4, qui sont formelles pour le tarif. Mais la Direction générale de l'enregistrement se réserve d'examiner d'une manière approfondie cette question délicate de l'enregistrement des transactions en matière de douane.

(5) Deux droits de 1 fr. 50 ou un seul droit, suivant qu'il y a ou non cautionnement.
(6) Avec minimum de 5 fr. en principal.
(7) Avec minimum de 25 centimes en principal.

NOTES.

RENSEIGNEMENTS GÉNÉRAUX.

1. Le jour de la date de l'acte n'est pas compté pour l'enregistrement, ni le dernier jour du délai, lorsqu'il se trouve être un dimanche ou un jour de fête légale. (Loi du 22 frimaire an VII, art. 25.)

2. Les huissiers et autres ayant pouvoir de faire des exploits et procès-verbaux, peuvent les faire enregistrer, soit au bureau de leur résidence, soit au bureau du lieu où ils font ces actes. (*Idem*, art. 26.)

3. Les copies d'exploits et procès-verbaux qui se signifient à partie ou par affiche, peuvent être délivrées avant l'enregistrement. (*Idem*, art. 41.)

4. Le droit ne devant pas être perçu sur les droits de douanes dont l'objet vendu serait passible (circulaire du 8 janvier 1814), il faut avoir soin de ne comprendre dans l'acte de vente que le produit net, déduction faite du droit de douane. (Circulaire n° 1216.)

5. Si le procès-verbal de saisie et les cautionnements y relatifs sont faits par deux actes séparés, il est dû un droit fixe pour chacun d'eux quand même le second acte serait rédigé sous seing privé par les seules parties intéressées et sans le concours des préposés. Si un procès-verbal contient l'acte de cautionnement et constate en même temps la remise et la saisie, il donne ouverture aux *droits fixes distincts* pour chacune de ces dispositions. S'il ne contient qu'une offre de remise sous caution non acceptée, il n'est passible que d'un seul droit. (Déc. min. des 18 juin 1811, 27 octobre 1812 et 10 juillet 1839.)

6. La requête n'est pas sujette à l'enregistrement; il n'y a que l'ordonnance qui en est la conséquence. (Loi du 22 frimaire an VII, art. 68 § 1, n° 46.)

7. L'enregistrement des *actes sous seing privé* (qui ne contiennent aucune mutation) n'est pas *obligatoire dans un délai déterminé*. Mais ces actes doivent être enregistrés lorsqu'il est utile de leur donner une date certaine et avant qu'il en soit fait usage, soit en justice, soit devant les autorités constituées. (Loi du 22 frimaire an VII, art. 23.)

8. Un procès-verbal en *plusieurs contextes* n'est soumis qu'à un seul droit d'enregistrement, comme ne formant un acte complet que par la réunion des différents contextes.

9. Les délais pour l'enregistrement des actes sont ainsi fixés d'une manière générale :

- 4 jours pour les actes extra-judiciaires ;
- 20 jours pour les actes judiciaires;
- 20 jours pour les actes administratifs assujettis à la formalité dans un délai déterminé. (Loi du 15 mai 1818, art. 78 et 80.)

10. L'enregistrement a lieu GRATIS pour les actes de poursuites et tous autres actes, *tant en action qu'en défense*, lorsqu'il s'agit de créances non excédant en total la somme de cent francs. (Loi du 16 juin 1824, art. 6.)

11. Lorsqu'il s'agit d'actes à la requête du ministère public, l'enregistrement en a toujours lieu *en débet*. (Loi du 25 mars 1817, art. 74.)

TABLEAU ANNEXE.

I. — Pièces de procédure sujettes au timbre de dimension ou de 10 centimes.

Acte d'abandon des objets saisis. (Paris, 25 oct. 1828.)

Tous actes de procédure. (Loi du 28 avril 1816, art. 19)

Copies des procès-verbaux constatant à la fois *saisie* et *rébellion*, lorsqu'elles doivent être remises au procureur de la République.

Duplicata des actes sujets au timbre. (Déc. adm., 6 mars 1834.)

Tous les actes, écritures, extraits, copies, expéditions, qui sont destinés à être produits pour décharge, justification, demandes ou défenses. (Loi du 13 brumaire an VII, T. II, art. 12 et 30.)

Quittances données par les avoués, avocats, greffiers, huissiers, etc., pour honoraires, remboursements, etc. (Même loi et même article, et loi du 23 août 1871, art. 18 et 23.) Les quittances de 10 fr. et au-dessous, données par actes sous seing privé ne sont pas sujettes au timbre, à moins qu'il ne s'agisse d'un acompte ou d'une quittance finale sur une plus forte somme. (Loi du 23 août 1871, art. 20.)

Pétitions et mémoires, même en forme de lettres présentées au Ministre ou à l'Administration. (Loi du 13 brumaire an VII, T. II, art. 12) (1) à l'exception des demandes de secours. (Même loi, art. 16.)

II. — Pièces de procédure non sujettes au timbre.

Affiches de vente concernant la douane. (Circ. de l'enregistrement, n° 1161.) Aux termes des lois des 28 juillet 1791, et 28 avril 1816, la *couleur blanche* est spécialement réservée aux affiches qui ont pour objet la publication légale des actes de l'autorité, à la différence des affiches apposées dans l'intérêt des particuliers, lesquelles ne peuvent être imprimées que sur papier de couleur. La disposition relative à la couleur du papier a été maintenue par l'article 15 de la loi du 29 juillet 1881 sur la presse. Mais, aux termes de l'article 2 de cette loi, l'amende est de 5 à 15 francs. Enfin les poursuites appartiennent aux magistrats du parquet.

Copies des rapports à remettre à la gendarmerie.

Duplicata d'actes non sujets au timbre. (Déc. adm. du 6 mai 1834.)

Procès-verbaux de *rébellion*, *servant de simples plaintes*. (Paris, 5 oct. 1831.)

Procès-verbaux relatifs aux fraudes de douane par la voie de la poste lorsque le destinataire du colis ou de la lettre ne se présentant pas pour prendre livraison, ou refusant cette livraison, ces procès-verbaux se bornent à constater cette circonstance et à faire la description de l'objet saisi. Dans ce cas, en effet, les procès-verbaux, simples actes administratifs, ne sont soumis à aucune des formalités de la loi du 9 floréal an VII, et ne comportent, par suite, ni timbre, ni affirmation, ni enregistrement. (Circ. des douanes, n° 1994, ancienne série.)

---

(1) Toutes les écritures privées qui auraient été faites sur papier non timbré, sans contravention aux lois du timbre, quoique non comprises nommément dans les exceptions, ne peuvent être produites en justice, sans avoir été préalablement timbrées. (Loi du 13 brumaire an VII, art. 30.)

Tableau des primes de capture pouvant être allouées aux préposés des Douanes.

	OBJET.	QUANTITÉ OU VALEUR DE LA MARCHANDISE SAISIE nécessaire pour l'allocation de la prime.	TITRE de L'ALLOCATION.	NOMBRE DE FRAUDEURS AYANT CONCOURU à l'importation.	QUOTITÉ de la prime par individu arrêté.	OBSERVATIONS.
					francs.	
Douanes...	Importation de marchandises prohibées ou taxées à plus de 20 par 100 kilogr., ou soumises à des taxes de consommation intérieure.	Plus de 5 kilogr., *quelle que soit la valeur de la marchandise*, si elle consiste en d'autres articles que des tissus ou étoffes................ Plus de 10[m] en longueur ou en carré, s'il s'agit de tissus ou d'étoffes, *pourvu que la valeur en France n'en soit pas au-dessous de 7 fr. 50*.. Valeur en France de 15 fr. au moins, quand la marchandise pèse moins de 5 kilogr. ou mesure seulement 10[m] au moins en longueur ou en carré............... *Droits d'entrée* atteignant, au moins, en *quotité* (principal et décimes) sur les objets repris au procès-verbal le chiffre de 7 fr. 50, s'il s'agit d'articles d'horlogerie, de bijouterie, d'aiguilles ou d'autres produits qui, sous un poids restreint, peuvent avoir une certaine valeur................	Déc. minist[lle] du 2 janvier 1815, 12 juillet 1816........... Déc. minist[lle] du 29 mai 1844............ Circ. du 12 juin 1844, n° 2,023........ Lettre commune du 20 mars 1877, n° 350.........	1 2 3 à 6 (à pied)...... Plus de 6 (à pied)..... 3 à cheval et plus.... Importation par voiture.	5 10 15 30 30 30	(a) D'application seulement dans les directions de Nantes et de la Rochelle et l'ancienne direction de Lorient. (b) Cette prime, indépendante de celle qui est allouée pour l'arrestation des conducteurs, n'est allouée que si la bête, ne pouvant être vendue 15 fr., est destinée à être abattue. (c) Prime allouée seulement quand il y a eu condamnation à l'amende et que les prévenus sont hors d'état de l'acquitter. (d) Cette prime est indépendante de celle qui est allouée pour l'arrestation des conducteurs.
	Circulation des sels (a)..........	Bête de somme arrêtée..... Pas de minimum pour la quantité de sel saisi.	Déc. minist[lle] transmise le 6 octobre 1814.	.... Par homme. Par femme.	10 (b) 15 (c) 10 (c)	
	Chiens.....................	Chien abattu.............	Déc. adm[ve] du 15 mai 1820.	....	3 (d)	

Tableau des primes de capture pouvant être allouées aux préposés des Douanes.

	OBJET.	QUANTITÉ OU VALEUR DE LA MARCHANDISE saisie nécessaire pour l'allocation de la prime.	TITRE de l'allocation.	NOMBRE DE FRAUDEURS ayant concouru à l'importation.	QUOTITÉ de la prime par individu arrêté.	OBSERVATIONS.
					francs	
Contributions indirectes.	Tabacs..........................	500 gr..................	Ord. du 31 déc. 1817, art. 1er.		15	
	Poudre à feu....................	500 gr..................	Ord. du 17 nov. 1819, art. 1er, et 5 oct. 1841.	Par porteur arrêté.	15	(e) À Paris.
	Allumettes......................	Quelle que soit la quantité...	Déc. du 10 août 1875.		10	(f) Dans les villes de 50,000 âmes et au-dessus.
Cie des allumettes.	Phosphore.......................	Quelle que soit la quantité...	Déc. adre du 30 avril 1887.	Par porteur arrêté....	10	(g) Dans les autres villes ou communes. (1) Par acte. (2) Par déserteur.
Mandatements de justice. (1).	Arrestation en vertu d'un jugement du tribunal de paix, pour l'exécution de la contrainte par corps.	....	Ord. du 19 janvier 1816 et art. 6 du déc. du 7 avril 1813. (Circ. du 4 févr. 1876, n° 1,297.)	....	5 (e) 4 (f) 3 (g)	
	Exécution d'un mandat d'arrêt ou d'un jugement ou d'arrêt en matière correctionnelle emportant l'emprisonnement.	....	Idem..............	....	18 (e) 15 (f) 12 (g)	
	Exécution d'ordonnance de prise de corps ou arrêt portant la peine de réclusion.	....	Idem..............	....	21 (e) 18 (f) 15 (g)	
	Exécution d'un arrêt de condamnation aux travaux forcés ou à une peine plus forte.	....	Idem..............	....	30 (e) 25 (f) 20 (g)	
Ministère de la guerre.	Déserteurs (2)..................	....	19 janvier 1811..... Circ. du 20 févr. 1812.	....	25	

CONTRAINTE PAR CORPS.

(*Application de l'article 9 de la loi du 22 juillet 1867.*)

2 jours à 20 jours, lorsque l'amende et les autres condamnations n'excèdent pas.. 50f

20 jours à 40 jours, lorsque l'amende et les autres condamnations n'excèdent pas.................................... 100

40 jours à 60 jours, lorsque l'amende et les autres condamnations sont supérieures à 100 francs et n'excèdent pas...... 200

2 mois à 4 mois, lorsque l'amende et les autres condamnations sont supérieures à 200 francs et n'excèdent pas.......... 500

4 mois à 8 mois lorsque l'amende et les autres condamnations sont supérieures à 500 francs et n'excèdent pas.......... 2.000

1 an à 2 ans, lorsque l'amende et les autres condamnations s'élèvent à plus de.................................... 2.000

OBSERVATIONS.

A. — Les décimes font partie intégrante de l'amende et ils doivent entrer en ligne de compte pour la détermination de la durée de la contrainte. (*Arrêt de Cassation du 27 août 1868.*)

B. — Les frais doivent, au même titre que l'amende, servir à déterminer la durée de la contrainte. (*Loi du 19 décembre 1871.*)

TABLE ALPHABÉTIQUE DES MATIÈRES.

A

Numéros.

E

F.

G

H

I

R

T

V

www.ingramcontent.com/pod-product-compliance
Lightning Source LLC
Chambersburg PA
CBHW071216200326
41519CB00018B/5551

9782014496482